Franz Preger

Die Grundlagen der Ethik bei Gregor von Nyssa

Franz Preger

Die Grundlagen der Ethik bei Gregor von Nyssa

ISBN/EAN: 9783744620093

Hergestellt in Europa, USA, Kanada, Australien, Japan

Cover: Foto ©ninafisch / pixelio.de

Weitere Bücher finden Sie auf **www.hansebooks.com**

DIE
GRUNDLAGEN DER ETHIK

BEI

GREGOR VON NYSSA.

– – —

INAUGURAL-DISSERTATION

EINGEREICHT

BEI DER HOHEN PHILOSOPHISCHEN FAKULTÄT

DER

UNIVERSITÄT LEIPZIG

ZUR

ERLANGUNG DER DOKTORWÜRDE

VON

FRANZ PREGER,
PFARRER.

———

WÜRZBURG.
DRUCK DER KGL. UNIVERSITÄTSDRUCKEREI VON H. STÜRTZ.

1897.

HERRN

GEHEIMRAT PROF. D. LUTHARDT

IN

DANKBARSTER VEREHRUNG UND LIEBE

GEWIDMET.

INHALT.

Die Zitate wurden nach der dreibändigen Morellschen Ausgabe der Werke Gregors von Nyssa (Edit. Migne, Paris 1858) angeführt.

Seit das Christentum über die Schranken des jüdischen Volkstumes hinausgedrungen ist, nimmt die Frage, wie es sich zum ausserchristlichen Denken zu verhalten habe, innerhalb der kirchlichen Wissenschaft eine hervorragende Stelle ein. Bereits in der apostolischen Zeit sah man sich genötigt, die Grenzen zwischen beiden Gebieten festzulegen. Paulus hatte den judaistischen Bestrebungen gegenüber den universalen Charakter des Christentumes gerettet. Ihm fiel infolgedessen auch die Aufgabe zu, in jener andern Beziehung die nötigen Gesichtspunkte aufzustellen. Er thut dies vor allem in seinem Briefe an die Kolosser. Hier betont er die Absolutheit des Evangeliums von Christo aufs nachdrücklichste und schiebt allen Versuchen, es mit der Menschen Lehre und mit Satzungen nach der Welt Weise, das heisst mit ausserchristlicher Philosophie zu vermengen, einen Riegel vor. Denn in Christo liegen verborgen alle Schätze der Weisheit und der Erkenntnis (Col. 2, 3). Seine Offenbarung bedarf also keinerlei Ergänzung von anderer Seite.

Mit dieser prinzipiell ablehnenden Haltung gegenüber der heidnischen Weltweisheit verbindet er aber dennoch eine Vermittelung, durch welche die Absolutheit des christlichen Glaubens keinen Eintrag erfährt. Er sucht nämlich für seine Verkündigung Anknüpfungspunkte in den ihm vorliegenden Anschauungen seiner Zuhörer und sucht seine Lehre als die Wahrheit gewisser, auch im Heidentume vorhandener Ahnungen zu erweisen. Diese, wir werden sagen dürfen apologetische Art der Vermittelung findet sich in der areopagitischen Rede (Act. 17).

Im grossen und ganzen hat die Kirche bei ihrer Stellungnahme zur ausserchristlichen Denkweise die von Paulus vorgezeichneten Bahnen innegehalten. Zwar sind beide von dem Apostel eingeschlagenen Wege nicht immer von denselben Vertretern der Theologie und zu denselben Zeiten gleichmässig beschritten worden. In der alten Kirche ist es vor allem Tertullian, welcher einem vollständigen Bruche zwischen dem Christentume und der griechischen Philosophie eifrig das Wort redet. Ebenso scheidet die orthodoxe protestantische Theologie des siebzehnten Jahrhunderts die christliche Erkenntnisweise scharf von der Spekulation der natürlichen Vernunft. Nur die Logik hat innerhalb der kirchlichen Wissenschaft ein Recht. Denn sie dient zum usus organicus seu instrumentalis, quando ut instrumentum adhibetur in interpretanda et explicanda scriptura sacra. Sonst zeigt das Wort des Hollaz: „Est ratio non dux theologiae, sed pedisequa; serviat ancilla Hagar dominae, non imperet", dass man auf die Philosophie nicht günstig zu sprechen war.

Im Gegensatze hierzu finden wir in der christlichen Kirche schon frühzeitig eine andere Richtung, welche eine Vermittelung, zum Zwecke der Apologetik, mehr befürwortet. Hierher sind vor allem die Apologeten, an ihrer Spitze Justin der Märtyrer, zu rechnen, welche darauf ausgehen, das Christentum als die wahre Philosophie zu erweisen. Denselben Zweck verfolgen die Alexandriner, wenn sie mit Hilfe der platonisch-philonischen Philosophie, insbesondere durch die Beiziehung des Logosbegriffes die πίστις zur γνῶσις erheben wollen. Durch Augustins Vermittelung ist endlich eine gewisse Würdigung der vorchristlichen Weltweisen auf die Theologie des Mittelalters übergegangen. Die Scholastik bedient sich in ausgedehntem Masse der aristotelischen Philosophie, um ihre Dogmen zu stützen. Die Mystik knüpft an Plato und die Neuplatoniker an.

Trotzdem aber lag es auch dieser Richtung völlig fern, eines der christlichen Fundamentaldogmen beseitigen zu wollen. Wenn dennoch durch das vermittelnde Verfahren der Bestand des genuinen Christentums geschädigt wurde, so ist diese Thatsache jedenfalls nicht auf die ausdrückliche Absicht zurückzuführen, etwas vom Bau der, wie man meinte, intakt überlieferten christlichen Lehre abzubröckeln. Erst recht kam es jenen philosophierenden Lehrern der Kirche nicht in den Sinn, die Absolutheit der Offenbarung Jesu irgendwie zu negieren. Bei allem Entgegenkommen von seiten der Apologeten sieht sich Celsus dennoch

veranlasst, von den Christen die Drangabe ihrer ausschliesslichen
Stellung zur Staatsreligion zu fordern, wenn sie die beanspruchte
Duldung wirklich erlangen wollen. Ja selbst den Gnostikern, die
sogar nach dem ausdrücklichen Zeugnisse ihres Gegners Plotin
manches von Plato entlehnt haben, macht dieser im 9. Buche
seiner zweiten Enneade den Vorwurf, dass sie den Glauben an
die einzigartige Bedeutung der Offenbarung festhalten: „Man darf
nicht glauben, dass man allein im stande sei, völlig gut zu werden,
sondern dass es auch noch andere treffliche Menschen giebt.
Man muss auch andern ein Plätzchen bei Gott einräumen und
nicht, indem man sich allein in sein unmittelbares Gefolge ein-
reiht, wie im Traume hoch einherfahren" (II. Enn. 9, 9). Die
mittelalterliche Theologie aber glaubte dem Gedanken von der
Absolutheit des Christentumes dadurch einen besonderen Dienst
zu erweisen, dass sie diese mit einer äusseren sichtbaren Kirche
identifizierte.

Erst seit der Mitte des vorigen Jahrhunderts, nachdem sich
dem Christentume eine neue Philosophie zur Seite gestellt hatte,
welche unabhängig von der göttlichen Offenbarung selbständige
Weltanschauungen produzierte, ist man dem Gedanken einer Vermittelung nahe getreten, die keineswegs mehr blos apologetischen
Charakter trägt. Ihre Tendenz geht vielmehr dahin, das christliche Bewusstsein mit dem jeweiligen Zeitbewusstsein auszusöhnen,
und zwar dadurch, dass man grundlegende Glaubenssätze, wenn
nicht gar die Absolutheit des Christentumes zu Gunsten eines
Ausgleichs mit den augenblicklich verbreiteten philosophischen
Strömungen opfert. Aus diesem Bestreben heraus erklärt sich
der sogenannte Rationalismus, der bis in dieses Jahrhundert
herein in der Kirche herrschend war. Aber auch in der Gegenwart will man das Christentum für die modernen Weltanschauungen zugänglich machen, indem man es nach den Ergebnissen,
welche augenblicklich in der Philosophie als gesichert gelten
sollen, insbesondere nach Kant und Lotze einerseits, nach zeit-
weilig vielfach anerkannten naturwissenschaftlichen Hypothesen
andrerseits, zu korrigieren sucht. Diese vermittelnde Bewegung
hat folgerichtig nur dann Aussicht auf ein befriedigendes Resultat,
wenn sie hoffen kann, die mannigfaltigen Gegensätze in den
theoretischen Anschauungen auf dem praktischen Gebiete der
Moral unter der christlichen Fahne zu vereinigen. Das hat aber

zur Voraussetzung, dass das christliche Ethos durch verschiedenartige religiöse Betrachtungsweisen keine wesentliche Einbusse erleidet, dass andersgeartete metaphysische Grundlagen nicht auch zugleich zu andersgearteten ethischen Grundlagen werden.

In dieser Beziehung ist ein Blick in die Geschichte der Ethik lehrreich. Wie wir oben gesehen haben, hatte sich in den ersten Jahrhunderten der Kirche eine Annäherung des Christentums an die griechische Philosophie, vor allem an den durch seine starke Betonung des Intelligiblen den Kirchenvätern sympathischen Platonismus vollzogen. Wenn diese vornehmlich durch die Alexandriner Clemens und Origenes angestrebte Vermittelung auch apologetischer Natur war, so hat sie doch zur Folge gehabt, dass, jenen Theologen meist unbewusst, der hellenische Geist einen bedeutenden Einfluss auf die grundlegenden Elemente in ihren Systemen gewann. Bei der grossen Bedeutung, die namentlich Origenes auf die weitere Lehrentwickelung gehabt hat, kann es uns nicht Wunder nehmen, wenn wir auch bei den späteren Kirchenvätern den Griechen auf Schritt und Tritt begegnen. So hat sich auch der als Verteidiger der Rechtgläubigkeit hochgefeierte Gregor von Nyssa der Einwirkungen von seiten der griechischen Philosophie nicht erwehren können. Wir haben nun in der nachfolgenden Darstellung zu zeigen, wie durch diese Verschmelzung von christlichen mit hellenischen Gedanken auch für die Ethik Grundlagen geschaffen warden, die sich von den urchristlichen Prinzipien beträchtlich entfernen.

Geist und Materie.

Der Gegensatz von Geist und Materie ist für die Gesamt-
anschauung Gregors von Nyssa von der weittragendsten Bedeutung.
„Die ganze Weltentwickelung verläuft in dem Auseinandertreten
und der endlichen Überwindung dieses Gegensatzes"[1]). Hier liegen
auch die Wurzeln seiner ethischen Betrachtungsweise.

Alles, was besteht (*ἡ τῶν ὄντων φύσις*) teilt sich in zwei
durchaus heterogene Hälften. Die eine von ihnen ist sinnlich
wahrnehmbar und materiell (*αἰσθητὸν καὶ ὑλῶδες*), die andere
hingegen wird nur durch den Intellekt begriffen und ist immateriell
(*νοητὸν καὶ ἄϋλον*). Der Materie haften im Gegensatze zum un-
ermesslichen und unbegrenzten Geiste nach Quantität und Qualität
bestimmte Eigenschaften an, wie Schwere und Ausdehnung, welche
sie für die Beobachtung als begrenzt erscheinen lassen. Von dem
Geiste aber sagt Gregor: *νοητὸν δὲ τὸ ὑπερπίπτον τὴν αἰσθητικὴν
κατανόησιν* (sc. *λέγομεν*) . . . *τῆς τοιαύτης περιοχῆς καθαρεῦον
ἐκφεύγει τὸν ὅρον, ἐν οὐδενὶ περατούμενον*[2]).

Die geistige Natur zerfällt ihrerseits ebenfalls in zwei Teile,
in die unerschaffene, sich stets gleich bleibende, welche die
Schöpferin der Seinswelt ist[3]), und in die geschaffene. Letzterer
wohnt ein starker Zug zu jenem Geiste inne, der die Ursache
alles Bestehenden ist, ja sie wird durch die Anteilnahme an dem
Allumfassenden gewissermassen fortwährend gezeugt und befindet

---

1) Möller, Prot. R.-E.⁴ V. S. 403.
2) in cant. cant. hom. 6. I. 885 c — 888 a.
3) ibid. I. 885 d. *ἡ μὲν (φύσις) ἄκτιστός ἐστι, καί ποιητικὴ τῶν ὄντων,
ἀεὶ οὖσα ὅπερ ἐστίν.*

sich auf diese Weise in einer eigentlich endlosen Bewegung zum Urgrunde des Seins hin, ohne diesen aber völlig zu erreichen [1]).

Die unerschaffene Natur ist identisch mit Gott, dem Dreieinigen [2]). Es liegt nicht im Bereiche unserer Aufgabe, auf die Gotteslehre Gregors tiefer einzugehen. Nur die auch für unsere Darstellung in Betracht kommende Thatsache soll erwähnt sein, dass zwei Anschauungen von Gott in den Schriften des Nysseners nebeneinander herlaufen [3]). Einmal ist Gott das reine Sein (τὸ ὄν oder auch τὸ ὄντως ὄν). Weiter lässt sich im Grunde von Gott nichts aussagen. Er ist eben unfassbar und unbegreiflich. Es giebt keinen Ausdruck, mit dem sein Wesen bezeichnet werden könnte [4]). Gregor bemüht sich, die Jenseitigkeit Gottes so scharf, wie möglich zu betonen. Er rückt ihn selbst über den Begriff des Guten hinaus (παντὸς ἀγαθοῦ ἐπέκεινα ἡ θεῖα φύσις). So bleiben zu seiner Wesensbestimmung keine positiven Termini übrig. Man muss sich mit negativen Abgrenzungen begnügen. Gott, das eine schlechthinige Sein ist ohne Anfang, ohne Ursache, unkörperlich, unveränderlich, leidenschaftslos, unendlich.

Daneben giebt Gregor, besonders in seiner grossen Katechese, seinem Gottesbegriffe noch eine andere Färbung, durch die er der neutestamentlichen Gottesanschauung mehr gerecht wird.

---

1) ibid. I. 885d — 888a. ἡ δὲ διὰ κτίσεως παραχθεῖσα ἐς γένεσιν (φύσις) πρὸς τὸ πρῶτον αἴτιον ἀεὶ βλέπει. καὶ τῇ μετουσίᾳ τοῦ περιέχοντος διαπαντὸς ἐν τῷ ἀγαθῷ συντηρεῖται. καὶ τρόπον τινὰ πάντοτε κτίζεται διὰ τῆς ἐν τοῖς ἀγαθοῖς ἐπαυξήσεως πρὸς τὸ μεῖζον ἀλλοιουμένη, ὡς μηδὲ ταύτῃ τι πέρας θεωρεῖσθαι. μηδέ ὅρῳ τινὶ τὴν πρὸς τὸ κρεῖττον αὔξησιν αὐτῆς περιγράφεσθαι, ἀλλ' εἶναι πάντοτε ἀεὶ τὸ παρὸν ἀγαθόν, κἂν ὅτι μάλιστα μέγα τε καὶ τέλειον εἶναι δοκεῖ, ἀρχὴν τοῦ ὑπερκειμένου καὶ μείζονος· — τὸ γὰρ ἀεί τι μεῖζον καὶ καθ' ὑπερβολὴν ἀγαθὸν εὑρισκόμενον. περὶ ἑαυτὸ κατέχον τὴν τῶν μετεχόντων διάθεσιν. οὐκ ἐᾷ πρὸς τὰ παρῳχηκότα βλέπειν, τῇ τῶν προτιμοτέρων ἀπολαύσει τῶν καταδεεστέρων τὴν μνήμην παρακρομούμενον.

2) c. Eun. II. 341c. τῆς μὲν ἀκτίστου φύσεως τὴν ἁγίαν τριάδα εἶναι διωρισάμεθα, τῆς δὲ κτιστῆς πάντα ὅσα μετ' ἐκείνην λέγεταί τε καὶ ἔστι καὶ ὀνομάζεται.

3) W. Meyer, Die Gotteslehre des Gregor von Nyssa, J.-D. 1894 S. 13—23.

4) in cant. cant. hom. I. I. 781c — 784a. οὐκ ἔστιν ὀνομαστικῇ σημασίᾳ περιληφθῆναι δι' ἀκριβείας τὴν ἀόριστον φύσιν· ἀλλὰ πᾶσα νοημάτων δύναμις καὶ πᾶσα ῥημάτων τε καὶ νοημάτων ἔμφασις, κἂν τι μέγα καὶ θεοπρεπὲς ἔχειν δόξῃ. αὐτοῦ τοῦ ῥήματος ὄντως ἐφάψασθαι φύσιν οὐκ ἔχει — ὃ τί ποτε κατ' οὐσίαν ἐστίν, ὑπὲρ πᾶν ἐστιν ὄνομά τε καὶ νόημα.

Hiernach ist Gott die höchste Vollkommenheit[1]). Insbesondere wird die vollkommene Güte, Weisheit, Gerechtigkeit und Macht Gottes einer eingehenden Erörterung unterzogen[2]). Indem sich alle diese guten Eigenschaften in der Gottheit vereinigen, erscheint sie als die wahre Tugend (ἡ ἀληθὴς ἀρετή). Von diesen beiden nebeneinander hergehenden Gedankenreihen über die Gottesidee, ist indessen die erste, welche sich in den Bahnen des ausgehenden Platonismus bewegt, für die Ethik des Gregor von Nyssa von grösserer Bedeutung, als die letzte. Sie liegt seinem weltflüchtigen, einseitig auf Verinnerlichung und Ekstase dringenden Mystizismus zu Grunde.

Mit Gott aufs engste verwandt ist die von ihm erschaffene immaterielle Natur, nämlich die Engelwelt[3]) und der Mensch nach seiner geistigen Seite. Abgesehen davon, dass sie aus Gott hervorgegangen ist, weist sie dieselben Eigenschaften auf, wie dieser, sofern er unter dem Gesichtspunkte des reinen Seins betrachtet wird. Auch sie ist über das Materielle und die sinnliche Wahrnehmung hoch erhaben, auch sie ist unsichtbar, unberührbar, ohne Ausdehnung, eine Nachbildung des göttlichen Wesens[4]). Ja, sie wird sogar mit diesem selbst identifiziert. Gott selbst ists, der in dem Menschen drinnen wohnt[5]). Er wird dadurch nicht eingeengt, da er die ganze Natur durchströmt. Zwar wahrt Gregor im allgemeinen den Unterschied zwischen Gott und der geistigen Natur und geht nur an vereinzelten Stellen soweit, Gott und Geist überhaupt gleichzusetzen. Immerhin aber sind solche Aussprüche ein Zeugnis dafür, wie eng sich unser Kirchenvater die Verbindung dieser beiden Arten der noëtischen Natur gedacht hat.

---

1) or. cat. II. 12 b. τοῦ δὲ κατὰ τό εἰκὸς τὴν τελειότητα προσμαρτυροῦντος τῇ θείᾳ φύσει (gemeint ist der Heide, der von der Wahrheit der christlichen Gottesidee überzeugt werden soll), τὸ διὰ πάντων αὐτὸν τῶν ἐνθεωρουμένων τῇ θεότητι τέλειον ἀπαιτήσομεν.

ibid. . . . ἐν παντὶ τὴν τελειότητα θεωρεῖσθαι τὴν περὶ τὴν θείαν φύσιν

2) ibid. II. 56 d f.

3) Möller, Gregorii Nysseni de natura hominis doctrina etc. S. 12: Sunt igitur angeli intelligibiles, incorporei, spiritus, immateriales, coelestes, a corruptione liberi, deo propinqui.

4) Bergades, Ἡ περὶ σύμπαντος καὶ τῆς ψυχῆς τοῦ ἀνθρώπου διδασκαλία Γρηγορίου τοῦ Νύσσης. J.-D. 1876 S. 12 f.

5) in cant. cant. hom. 2. I. 805 d.

Um so grösser ist der Abstand, der den Geist von der Materie trennt. Diese hält mit jenem überhaupt keinen Vergleich aus. Während das Geistig-Göttliche das Leben, die eigentliche Natur, das Sein schlechthin ist, hat die Hyle von alledem nichts aufzuweisen. Sie besitzt kein Leben, kann auf den Namen Natur eigentlich keinen Anspruch machen (φύσιν οὐκ ἔχει), sie ist schliesslich das Nichtsein (τὸ μὴ ὄν).

Gott ist aber nicht nur das reine Sein, sondern auch die vollkommene Tugend, die Fülle alles Guten. Mithin muss alles, was ausserhalb der göttlichen Natur ist, nicht nur der eigentlichen Existenz, sondern auch der Tugend entbehren. Auf diese Weise gelangt Gregor dazu, das Böse und das Materielle gleichzusetzen. Intellektuell und sittlich sind ebenso Wechselbegriffe, wie hylisch und unsittlich[1]). Hierdurch wird zwischen Geist und Materie eine unüberbrückbare Kluft befestigt, andrerseits aber der Gegensatz zwischen Gut und Böse stark verringert. Denn da die Hyle gleich dem Nichtsein ist, zugleich aber ebenso mit dem Bösen identifiziert werden kann, wie das Sein mit dem Guten, so erscheinen die Begriffe Gut und Böse nicht mehr als eine reale Opposition, ihr Gegensatz gleicht nicht mehr dem von positiven und negativen Zahlen, von $+$ a und $-$ a, sondern würde durch das Verhältnis von a zu non a zu verdeutlichen sein. Thatsächlich setzt auch Gregor den Ursprung des Bösen in die Privation des Seienden. Ersterem kommt ebensowenig ein eigentliches Dasein zu, wie der Materie[2]). Denn ausserhalb der göttlichen Natur ist nichts. Das Böse aber ist ausserhalb der Gottheit. Folglich hat es seine Existenz in der Nichtexistenz, ἐν τῷ μὴ εἶναι τὸ εἶναι ἔχει.

---

[1]) de an. et ress. III. 95 c. ἀληθῶς ἁπλοῦν τε καὶ ἄϋλον ἀγαθόν.

ibid. III. 100 c — 101 a. ᾧ τοίνυν πολὺς ὁ ὑλώδης ἔπεστι φόρτος, πολλὴν ἀνάγκη καὶ διαρκεστέραν ἐπ᾽ αὐτοῦ γίνεσθαι τὴν ἀναλίσκουσαν φλόγα, ᾧ δὲ ἐπ᾽ ἔλαττον ἡ τοῦ πυρὸς δαπάνη ἐγκαταμέμικται, τοσοῦτον ὑποκαταλαίνει τῆς σφοδροτέρας τε καὶ δριμυτέρας ἐνεργείας ἡ κόλασις, ὅσον ἡλάττωται τῷ τῆς κακίας μέτρῳ τὸ ὑποκείμενον.

[2]) ibid. III. 93 b. Οὐ γὰρ ἄλλη τίς ἐστι καὶ κακίας γένεσις, εἰ μὴ τοῦ ὄντος στέρησις.

or. cat. II. 32 c. πονηρία δὲ πᾶσα ἐν τῇ τοῦ ἀγαθοῦ στερήσει χαρακτηρίζεται, οὐ καθ᾽ ἑαυτήν οὖσα, οὐδὲ καθ᾽ ὑπόστασιν θεωρουμένη.

Die Folgen dieser Verflachung des ethischen Gegensatzes zu einem metaphysischen treten besonders deutlich hervor in der Lehre des Nysseners vom Satan. Für Gregor ist der Gedanke unerträglich, dass ein Geist nicht nur nicht gut, sondern sogar die Ursache des Bösen in der Welt sein soll. Und wenn er auch an dem Dogma von diesem bösen Geistwesen (*ὁ τῆς κακίας σύμβουλός τε καὶ εὑρέτης*) festhält, so wäre es ihm doch augenscheinlich lieber, die Satanalogie aus seinem Systeme überhaupt verbannen zu können. Nur die Autorität der Bibel und der christlichen Kirche vermag ihn zu bestimmen, von dieser unbequemen Lehre nicht abzugehen. Indessen merkt man es seinen Worten an, dass er sie nur mit halbem Herzen vertritt [1]). Zur Erklärung der Existenz des Satans selbst aber zieht er seine Definition des Bösen herbei, nach welcher man es in den Mangel des Guten oder des Seienden zu setzen hat. Der Teufel ist zwar geistiger Natur, aber von Gott geschaffen. Alles, was erschaffen ist, gehorcht weiter dem Gesetze der Veränderlichkeit (*συγγενῶς πρὸς τὴν ἀλλοίωσιν ἔχει, τρεπτόν*). Da also auch der Satan der Veränderung fähig war, so konnte er der Teilnahme an dem wahrhaft Guten verlustig gehen. Thatsächlich hat er auch, wie sich Gregor im Bilde ausdrückt, gegen das Gute sein Auge verschlossen und hat auf diese Weise den Grund zur Schlechtigkeit gelegt [2]). Das Wesen des Satanischen besteht also nicht in der Widergöttlichkeit, sondern ebenso, wie das Böse überhaupt, nur im Verluste des Guten.

Aber auch so ist die Thatsache, dass sich ein Geistwesen zum Prinzipe des Bösen in der Welt setzt, noch nicht genügend erklärt. Gregor kann sich nun einmal nicht mit dem Gedanken befreunden, dass das ursprünglich Göttliche im Satan in sein Gegenteil verkehrt sei. Es ist vielmehr nur von allerhand Ausgeburten des Bösen, vom Tode, vom Verderben und von der

---

[1]) de an. et. ress. III. 72 a — b. *ἢ εἰ δή τις ἄλλη παρὰ τὰ εἰρημένα* (Engel, menschlicher Geist und abgeschiedene Seele) *ἐν λογικοῖς θεωρεῖται, ἣν εἴτε δαίμονας, εἴτε πνεύματα, εἴτε ἄλλο τι τοιοῦτον ἐθέλοι τις κατονομάζειν, οὐ διοισόμεθα. Πεπίστευται γὰρ ἔκ τε τῆς κοινῆς ὑπολήψεως καὶ ἐκ τῆς τῶν γραφῶν παραδόσεως εἶναί τινα φύσιν ἔξω τῶν τοιούτων σωμάτων, ὑπεναντίως πρὸς τὸ καλὸν διακειμένην, καὶ βλαπτικὴν τῆς ἀνθρωπίνης ζωῆς, . . . ἥνπερ φασὶ καταχθονίοις ἐναριθμεῖν τὸν ἀπόστολον.*

[2]) or. cat. II. 28 d (statt *νόημα* liest Öhler *ὄμμα*).

Finsternis überwuchert[1]). So bringt es die göttliche Macht, wenn auch nach langer Mühe, endlich doch fertig, den Erfinder des Bösen zu heilen[2]). „Gregor vermag sich eben eine völlige Verkehrung und Abwendung der an sich guten Natur von seiner Quelle in Gott, ein völliges Aufgehen derselben im Bösen, welches der Mangel, das Nichtseiende ist, nicht zu denken und müsste, wenn er sie denken könnte, darin die absolute Vernichtung des Geistes sehen"[3]).

Wie in der Lehre vom Satan die Verflüchtigung des ethischen Gegensatzes von Gut und Böse einen markanten Ausdruck findet, so erhält andrerseits die Grösse des metaphysischen Gegensatzes zwischen Geist und Materie in der Anschauung Gregors von der Schöpfung der materiellen Welt eine bezeichnende Illustration[4]). Gegenüber dem manichäischen Dualismus hält unser Philosoph ganz entschieden daran fest, dass es nur einen Urgrund des Seins giebt, nämlich Gott[5]). Dieser ist also auch der Schöpfer der Erscheinungswelt, und zwar ist sie ein Produkt des allweisen göttlichen Willens, welcher sich mit seiner höchsten Macht vereinigt. Gegenüber dieser Instanz schwindet alles Fragen nach dem Wie und Woher der Kreatur, auch nach der Möglichkeit einer Schöpfung der Hyle[6]). Wenn Gott die höchste Macht und die höchste Weisheit in sich birgt, so weiss er auch, wie er die Materie, das Substrat zur Welterschaffung, findet und hat auch die Fähigkeit seinen Gedanken hiervon zu realisieren.

Ein spekulativer Geist wie Gregor mochte sich jedoch mit einem einfachen Rekurs auf die Allmacht Gottes nicht ohne weiteres beruhigen, zumal da es sich um eine in sein ganzes

---

1) ibid. II. 69 a.

2) de an. et ress. III. 72 b. τῆς κακίας ποτὲ ταῖς μακραῖς τῶν αἰώνων περιόδοις ἀφανισθείσης, οὐδὲν ἔξω τοῦ ἀγαθοῦ καταλειφθήσεται, ἀλλὰ καὶ παρ᾽ ἐκείνων (sc. τῶν δαιμόνων) ὁμόφωνος ἡ ὁμολογία τῆς τοῦ Χριστοῦ κυριότητος ἔσται.

3) Möller, Prot. R.-E.[2] V. S. 402.

4) vgl. Böhringer, Die Kirche Christi und ihre Zeugen, Stuttgart 1875 VIII. S. 53 ff. — Heyns, disput. hist.-theol. de Greg. Nyss., Lugd. Bat. 1835 S. 123 ff. — Möller, Greg. Nyss. de nat. hom. S. 9 f. 14 ff. — Bergades, a. a. O. S. 10—17.

5) de an. et ress. III. 121 c — 124 a.
  in illud, tunc ipse filius etc. I. 1312 a.

6) in hexaëm. I. 69 a — c.

System so tief einschneidende Frage handelte. Zwar sagt er: „Während wir glauben, dass die gesamte körperliche und geistige Schöpfung von der körperlosen und unerschaffenen Natur ihre Existenz hat, forschen wir doch bei diesem Glauben auch nicht nach dem Woher und dem Wie dieser Dinge. Wir nehmen vielmehr an, dass sie geworden sind, und lassen die Art und Weise der Erschaffung des Alls unerörtert, als etwas Geheimnisvolles und durchaus Unerklärbares"[1]. Dennoch macht er wenigstens den Versuch, das für ihn so schwierige Problem von der Schöpfung der Hyle zu lösen. Die Materie kann nämlich in den einzelnen Eigenschaften, die ihr anhaften, begrifflich aufgefasst werden. Diese Qualitäten, wie Leichtigkeit, Schwere, Dichtigkeit, Farbe u. s. w. sind freilich nicht die Materie selbst, sondern eben nur Begriffe[2]. Aber die Verbindung und Vereinigung dieser Eigenschaften bildet den Körper. Da also die den Körper in seiner Vollständigkeit zusammensetzenden Qualitäten mit dem Geiste begriffen werden können, das Geistige und Denkende aber eben Gott ist, so hat es für diesen keine Schwierigkeit, die geistig wahrnehmbaren Qualitäten zu schaffen, deren Vereinigung und gegenseitige Verbindung dann den Körper erzeugt[3].

Demgemäss hat Gott nach Gregors Meinung zuerst eine ideelle Welt ins Dasein gerufen. Ein einziger schöpferischer Akt hat die Gesamtheit aller Prinzipien, aller Ursachen und Kräfte der Körperwelt hervorgebracht. Die Erscheinungswelt selbst aber war das Produkt einer Entwickelung dieses idealen Kosmos, welche nach einer notwendigen Reihenfolge und Ordnung vor sich ging[4]. Fragen wir aber nach der Möglichkeit eines derartigen Prozesses, so verweist uns unser Philosoph auf den Logos, der allem innewohnt, was von Gott stammt[5]. Auf diese Weise kann jedoch nur die Form des Körperlichen erklärt werden. Die Herkunft des zu Grunde liegenden Stoffes, der Materie selbst, bleibt nach wie vor ein Rätsel, das auch dadurch nicht gelöst wird, dass

---

1) or cat. II. 44 b.

2) in hex. I. 69 c. ἃ πάντα μὲν καθ' ἑαυτὰ ἔννοιαί ἐστι καὶ ψιλὰ νοήματα.

3) de an. et ress. III. 124 d. — de hom. opif. I. 212 d — 213 c.

4) in hex. I. 72 a — c.

5) ibi . I. 73 a. χρὴ ἑκάστῳ τῶν ὄντων καὶ λόγον τινὰ σοφόν τε καὶ τεχνικὸν ἐγκεῖσθαι πιστεύειν, κἂν κρεῖττον ᾖ τῆς ἡμετέρας ὄψεως.

man diesem Substrate die eigentliche Existenz abspricht. Thatsächlich nimmt auch Gregor die Hyle unwillkürlich als etwas ohne weiteres gegebenes an [1].

So sehr sich also der Nyssener auch bemüht, die immaterielle Welt sowohl, wie die materielle von einem Grundprinzipe abzuleiten, so sehr er auch den Manichäern gegenüber den Monismus betont (de infant. III. 172 c), so kommt er doch schliesslich über den Dualismus, über die Annahme von zwei Prinzipien, nicht hinaus. Denn seine grundlegenden Anschauungen über Geist und Materie wurzeln tief in der heidnischen Philosophie. Er bezeichnet nicht umsonst an vielen Stellen das Christentum als Philosophie, er wünscht nicht umsonst, dass der Lehre des Glaubens die Weisheit der Griechen als Gattin beigesellt werde [2]. Und wenn er ihr auch in beschränktem Masse Zutritt gewähren will und an einer andern Stelle gar nichts von den heidnischen Possen, wie er die hellenische Philosophie nennt, wissen möchte, so wird doch nicht zu leugnen sein, dass die griechische Weltweisheit trotz alledem bedeutend auf sein System eingewirkt hat. Gerade bei der Feststellung der Grundprinzipien seiner Lehre hat sie die ausschlaggebende Stimme.

Hat nun Gregor ein bestimmtes philosophisches System bevorzugt? Chr. E. Luthardt nennt seine Ethik eine christianisierte platonische Moral [3]. Die gesamte ausgehende griechische Philosophie steht unter einem starken Einflusse Platos. Sie kann also als Platonismus, wenigstens im weiteren Sinne, bezeichnet werden. Insofern ist also jene Bezeichnung durchaus treffend. Gerade der Gegensatz von Geist und Materie, wie er die Anschauungen des Nysseners beherrscht, geht in letzter Linie auf den grossen Schüler des Sokrates zurück. Hier, wie dort, ist das Intelligible das allein Seiende, das Sinnliche hingegen nicht nur das Untergeordnete, sondern das Nichtseiende. Aber wenn Gregor einerseits die Transscendenz des Göttlichen in dem Grade betont, dass er es über alles Denken, ja über das Gute hinaushebt, so verlässt

---

1) ibid. I. 72 c — 73 a. ὅτε τὸ ὅλον ἐγένετο, . . . ζόφος τῷ πάντι ἐπεκέχυτο· οὔπω γὰρ ἐξεφάνη τοῦ πυρὸς ἡ αὐγὴ ὑποκεκρυμμένη τοῖς μορίοις τῆς ὕλης. . . . τὸ πανταχοῦ κατεσπαρμένον πῦρ ἐπεσκοτεῖτο, τῷ πλεονάζοντι τῆς ὕλης ἐπιπροσθούμενον.

2) de vit. Mos. I. 336 d — 337 a.

3) Luthardt, Geschichte der christlichen Ethik. 1888. Bd. I. S. 144.

er die Bahnen des reinen Platonismus damit ebenso, wie wenn
er zum andern die Materie mit dem Bösen identifiziert. Denn
für Plato war das Höchste die Idee des Guten, und dass die Hyle
zugleich das Böse sei, hat er wenigstens nicht deutlich ausgesprochen [1]).

Es ist indessen deswegen nicht notwendig, einen einseitigen
Einfluss Plotins auf unsere Philosophen anzunehmen [2]). Dass sich
Gregor mit dem Hauptvertreter des Neuplatonismus vielfach berührt, sei zugegeben. Aber gerade die beiden hauptsächlichsten
Punkte, in denen beide übereinstimmen, die starke Betonung der
Transscendenz des Geistig-Göttlichen und die Gleichsetzung des
Materiellen mit dem Bösen sind nicht ausschliesslich das Eigentum
des Plotin. Sie finden sich vielmehr bereits bei Philo. Und auf
diesen werden wir auch durch die doppelte Betrachtungsweise
des Göttlichen geführt, der Gregor von Nyssa huldigt. Die starke
Betonung der Transscendenz Gottes, die jede Bestimmung von ihm
fern hält, andrerseits aber die Anschauung Gottes als einer vollkommenen Persönlichkeit bildet ja gerade das Charakteristikum
der philonischen Theologie [3]). Auch die Darstellung Gregors von
der Schöpfung der körperlichen Welt verleugnet ihre Ähnlichkeit
mit der Lehre des jüdischen Alexandriners nicht. Denn auch
nach dem letzteren baut Gott, um nicht mit der Materie in Berührung zu kommen, zunächst eine intellektuelle Welt und überlässt es den wirkenden Ideen, λόγοι genannt, den Kosmos zu
bilden [4]).

Die Frage, auf welchem Wege sich Gregor von Nyssa diese
Elemente, die der griechischen Philosophie entstammen, angeeignet
habe, lässt sich nicht mit absoluter Sicherheit beantworten. Seine
oben erwähnte Mahnung zum Studium der ausserchristlichen
Weltweisheit lässt darauf schliessen, dass er sie kannte. In der
That setzt er sich mit ihr vor allem in seinem Gespräche über
die Seele und die Auferstehung auseinander. Hier wird Plato

---

1) Zeller, Die Philosophie der Griechen 2. Aufl. 1868. III, 2. S. 489.
Anm. 1.
2) So scheint Meyer a. a. O. anzunehmen.
3) Zeller a. a. O. S. 306 ff.
4) Heinze, Die Lehre vom Logos in der griech. Philosophie 1872.
S. 217—224.

und Aristoteles citiert. Die Ansichten verschiedener Philosophen
werden aufgeführt und zurückgewiesen [1]). Gregor war also ohne
Zweifel mit der hellenischen Denkweise durch Studium der Quellen
vertraut, und es ist nicht unwahrscheinlich, dass er manches von
dem, was wir in seinem Systeme als ursprüngliches Eigentum der
Griechen erkennen, herübergenommen hat. Er mag hierbei nach
dem Grundsatze verfahren sein, den er für das spezielle Gebiet
der Seelenlehre aufstellt: „Wir aber, von den kirchlichen Glaubens-
lehren ausgehend, finden es für richtig, nur so viel von denen,
welche diesen Stoff philosophisch behandelt haben, anzunehmen,
um sie in gewisser Hinsicht als in Übereinstimmung mit der
Unsterblichkeitslehre nachzuweisen" [2]). Die kirchliche Tradition
erschien ihm also als der Massstab für das, was anzunehmen, wie
für das, was abzuweisen war.

Wenn wir nun die grundlegenden Sätze in der Ethik Gregors,
den Gottesbegriff und den Begriff des Bösen, auf griechischen, vorwiegend platonisch-philonischen Einfluss zurückführen mussten, so
ist bei Anwendung der genannten Maxime eine so starke ausser-
christliche Einwirkung nur dann zu erklären, wenn die kirchliche
Ueberlieferung bereits vorher dem Griechentume ihre Pforten ge-
öffnet hatte. Dies war bekanntlich durch Clemens von Alexandria
und besonders durch Origenes geschehen. Thatsächlich ist auch
die ganze Lehre des Gregor über Geist und Materie nichts weiter,
als im wesentlichen eine Wiedergabe origenistischer Gedanken.
Es ist kaum nötig, daran zu erinnern, dass der Gottesbegriff
Gregors, die enge Aneinanderknüpfung alles Geistigen an das
Göttliche, die Definition des Bösen, die gregorianische Auffassung
von der Weltschöpfung, die Lehre vom Satan einschliesslich seiner
endlichen Beseligung, unsern Kirchenvater als einen eifrigen An-
hänger des grossen Theologen aus Alexandria verraten.

---

[1]) bes. de an. et ress. III. 108 b — c. Vgl. mit Plato Phaedr. 248 f.,
Tim. 42, Plotin. 3. Enn. 4, 2, Empedokles (bei Diog. L. VIII, 77):
„Ἤδη γὰρ ποτ' ἐγὼ γενόμην κοῦρός τε κόρη τε
θάμνος τ' οἰωνός τε καὶ εἰν ἁλὶ ἔλλοπος ἰχθύς."
vgl. auch de hom. opif. I. 232 a.
Über diesen ganzen Dialog des Gregor von Nyssa sagt Böhringer a. a. O.
S. 43: „Diese ganze Schrift kann eine Fortsetzung des platonischen Phädon im
christlich-kirchlichen Geiste jener Zeit genannt werden".
[2]) ibid. III. 103 c.

Es musste gleich anfangs auf diese Thatsache hingewiesen werden, da ihre Konsequenzen in der weiteren Darstellung fort und fort zu Tage treten. Zunächst macht sich der vornehmlich durch Origenes vermittelte Platonismus fühlbar in der Lehre Gregors vom Menschen.

Der Mensch.

Gregor von Nyssa weist dem Menschen innerhalb der Schöpfung eine Stellung von eminenter Bedeutung zu[1]). An sich stehen die geistige und die materielle Welt in einem unüberwindlichen Gegensatze zu einander. Diesen klaffenden Spalt zu überbrücken, das ist der Zweck, den sich Gott bei der Erschaffung des Menschen gesetzt hat. Das irdische sollte nicht gänzlich von der Teilnahme an der intellektuellen und körperlichen Natur ausgeschlossen sein. Andrerseits sollte sich die alles überwaltende göttlich-geistige Macht in der ganzen, auch in der körperlichen Welt verherrlichen. Diese Aufgabe, die sinnenfällige Natur mit dem wahren Leben, mit dem eigentlich Seienden zu verknüpfen, erfüllt der Mensch. Er ist gleichsam das sonnenhafte Auge, welches vermöge seiner Verwandtschaft mit dem ewigen Lichte dessen Strahlen aufzunehmen vermag und sie auch der irdischen Welt vermittelt[2]). So erscheint der Mensch als das einigende Band zweier Welten. Er vermag dies zu sein, da er selbst als ein geistleibliches Wesen, als ein Gemisch zweier Naturen, der geistigen und der sinnlich wahrnehmbaren aus Gottes Schöpfer-

---

[1]) Zur Anthropologie und Psychologie Gregors von Nyssa:

Möller, Greg. Nyss. de nat. etc.

A. Krampf, Der Urzustand des Menschen nach der Lehre des hl. Gregor von Nyssa. Würzburg 1889.

F. Hilt, Des hl. Gregor von Nyssa Lehre vom Menschen. Köln 1890.

Stigler, Die Psychologie des hl. Gregor von Nyssa. Regensburg 1857.

Bergades a. a. O. S. 20—92.

Die nachfolgende Darlegung über die Anthropologie Gregors, ebenso wie die über seine Lehre von der Sünde macht keinen Anspruch auf Vollständigkeit. Es ist nur dasjenige herbeigezogen worden, was für die Ethik des Nysseners prinzipielle Bedeutung zu haben schien.

[2]) de infant. III. 178a — d.

hand hervorgegangen ist [1]). Um dieser einzigartigen Stellung des Menschen einen entsprechenden Namen zu geben, bezeichnet ihn der Nyssener als τῆς θείας τε καὶ ὑπερκειμένης δυνάμεως ἔμψυχόν τι ὁμοίωμα [2]), oder mit dem biblischen Ausdrucke als das Ebenbild Gottes.

Zu demselben Resultate gelangt Gregor noch auf einem andern Wege, indem er nicht sowohl die Zweckbeziehung auf das Ganze der Schöpfung, als vielmehr die auf den Menschen selbst ins Auge fast. Nach der ersteren Anschauung kann die Erschaffung des Menschen fast wie eine logische Notwendigkeit erscheinen, da ohne jenes geist-leibliche Bindeglied die ganze Schöpfung in zwei völlig heterogene Hälften auseinanderfallen würde. Aber der Kirchenvater stellt die Schöpfung des Menschen zugleich unter einem mehr religiösen Gesichtspunkte dar. Nicht die Notwendigkeit hat Gott zu dem genannten Werke veranlasst, sondern in der Überschwenglichkeit seiner Liebe hat er dieses Lebewesen ins Dasein gerufen, οὐ δι᾽ ἄλλο τι κτίζει τὴν ἀνθρωπίνην ζωήν, ἢ διὰ τὸ ἀγαθὸν εἶναι [3]). Die Fülle der göttlichen Güter sollte nicht ungenutzt daliegen, ohne dass jemand einen Nutzen davon hätte. Deshalb bestimmt Gott den Menschen teils zu einem Beschauer, teils zu einem Herrn der Wunderwerke in der Welt, damit er durch ihren Genuss, durch die Schönheit und Grösse dessen, was er erblickt und als König beherrscht, auf die Spur der unnennbaren und unbeschreiblichen Macht des Schöpfers hingeleitet werde. Darum legt Gott zwei Anlagen in seine Natur, indem er das Göttliche mit dem Irdischen verbindet. Der Mensch soll den Genuss Gottes haben kraft seiner mehr göttlichen, den Genuss der Erdengüter kraft seiner mehr sinnlichen Seite. Diese hervorragende Stellung innerhalb des erschaffenen Kosmos aber kann der Mensch ausfüllen, weil er mit allen der göttlichen Natur zukommenden Gütern, wie Leben, Vernunft, Weisheit, auch

---

[1]) ibid. III. 172 c — d. ἐξ ἑτερογενῶν συγκεκραμένον τὴν φύσιν, τῆς θείας τε καὶ νοερᾶς οὐσίας πρὸς τὴν ἑκάστου τῶν στοιχείων αὐτῷ συνεραντισθεῖσαν μοῖραν καταμιχθείσης.

de eo, quid sit, ad imag. I. 1328 b. ζῶον, ὥσπερ τινὰ μικτὸν κόσμον συγγενῆ τῶν δύο κόσμων, ἐξ ἀσωμάτου καὶ ἀθανάτου καὶ ἀφθάρτου ψυχῆς καὶ ἐξ ὑλικοῦ καὶ ὁρωμένου τετραστοίχου σώματος συγκείμενον.

[2]) de infant. III. 172 d.

[2]) or. cat. II. 21 b. — de hom. opif. I. 184 d.

der Leidenschaftslosigkeit, Seligkeit und Unsterblichkeit ausgestattet, oder nach dem Bilde Gottes geschaffen worden ist[1]). Denn mit diesem Ausdrucke will die heilige Schrift nichts anderes sagen, als dass Gott den Menschen jedes Gutes teilhaftig gemacht hat[2]).

Indem Gregor von Nyssa dem Menschen in der angegebenen Weise eine zentrale Stellung im Weltganzen anweist, will er offenbar den anthropologischen Anschauungen der Bibel gerecht werden. Er kann dies aber nur thun, indem er seinen oben dargelegten dualistischen Prämissen untreu wird. Ein konsequentes Weiterbauen auf seinen metaphysischen Voraussetzungen hätte ihn zu der Ansicht seines Meisters Origenes führen müssen, der den derzeitigen Zustand des Menschen seiner geistigen Natur für unwürdig hält und deshalb seine Zuflucht zu der platonischen Meinung eines vorweltlichen Falles der Seelen nimmt. „Die Theorien Gregors erscheinen also mit einem Widerspruche behaftet, weil sie von zwei verschiedenen Gesichtspunkten aus entworfen sind[3]).

Dem Nyssener selbst ist diese Inkonsequenz nicht entgangen. Er sucht sich deshalb durch eine Hypothese einen Ausweg zu bahnen. Hiernach ist die in der heiligen Schrift berichtete Art der Erschaffung des Menschen nicht die ursprünglich von Gott gewollte. Es geht ihr zwar nicht thatsächlich, aber ideell eine andere voraus, welche nur deshalb nicht realisiert wurde, weil Gott den künftigen Abfall der Menschheit voraussah[4]). Diesen idealen Menschen denkt sich Gregor nicht als eine bestimmte Persönlichkeit, sondern als den Menschen schlechthin. Ganz wie bei Philo[5]) soll er ein Gattungsmensch sein, der die einzelnen Individuen in sich begreift[6]). Er ist gleich der Idee Platos Einheit, die die Vielheit in sich schliesst.

---

1) or. cat. II. 21 d.

2) de hom. opif. I. 184 b.

3) A. Harnack, Lehrbuch der Dogmengeschichte II. 1887. S. 149.

4) de hom. opif. I. 205 a. ἐπεὶ δὲ κατενόησεν ἐν τῷ πλάσματι ἡμῶν τὴν πρὸς τὸ χεῖρον ῥοπήν, ... διὰ ταῦτα κατέμιξέ τι καὶ τοῦ ἀλόγου τῇ ἰδίᾳ εἰκόνι.

5) Heinze a. a. O. S. 260 f.

6) de hom. opif. I. 185 b — c. εἰπὼν ὁ λόγος ὅτι ἐποίησεν ὁ θεὸς τὸν ἄνθρωπον τῷ ἀορίστῳ τῆς σημασίας ἐνδείκνυται τὸ ἀνθρώπινον. ... οἶμαι

Zwar haben wir es hier nur mit einer subjektiven Meinung zu thun, für die der Kappadozier keineswegs Allgemeingültigkeit beansprucht. Aber gerade weil Gregor hier durch Raten und Schliessen und durch Bilder nach Möglichkeit eine Vorstellung von der Wahrheit zu gewinnen sucht, gerade weil hier seine eigenste Meinung zum Ausdrucke kommt[1]), gerade deshalb ist uns diese Hypothese von besonderem Werte. Dieser Wert wird aber in unserm Zusammenhange noch besonders dadurch erhöht, dass wir in dem ideellen Gattungsmenschen das sittliche Ideal des Nysseners verkörpert sehen dürfen. Denn dieser prinzipiell erste Zustand des Menschen ist zugleich das letzte Ziel, welchem nachzustreben er sittlich verpflichtet ist[2]).

Welches ist nun das Bild des Menschen in diesem idealen Urzustande? Er ist als ein geistiges Wesen zu denken, das jeder Gemeinschaft mit der unvernünftigen Natur entnommen, in seiner reinen Geistigkeit als das vollkommene Ebenbild Gottes erscheint, nur in dem einen von dem höchsten Wesen verschieden, dass es geschaffen ist. Demzufolge ist von diesem Erstgeschaffenen zu allererst, ebenso wie bei Philos γενικὸς ἄνϑρωπος, die geschlechtliche Differenzierung auszuschliessen, da sie der mehr vernunftlosen Natur angehört[3]). Der biblische Bericht (Gen. 1, 27) redet von zwei getrennten Schöpfungsakten. Die Worte: „Gott schuf den Menschen ihm zum Bilde, zum Bilde Gottes schuf er ihn" zielen auf die Erschaffung des Idealmenschen. Der nachfolgende Satz hingegen: „Er schuf sie ein Männlein und ein Fräulein" geht auf die thatsächlich verwirklichte Schöpfung[4]). An die Stelle der geschlechtlichen Propagation wäre im Falle der

καϑάπερ ἐν ἑνὶ σώματι ὅλον τὸ τῆς ἀνϑρωπότητος πλήρωμα τῇ προγνωστικῇ δυνάμει παρὰ τοῦ ϑεοῦ τῶν ὅλων περισχεϑῆναι.

1) ibid. I. 180 c. 185 a. 188 b. ὁ δὲ ἡμέτερος (sc. λόγος) τοιοῦτός ἐστιν.

2) ibid. I. 188 c. ἡ δὲ τῆς ἀναστάσεως χάρις οὐδὲν ἕτερον ἡμῖν ἐπαγγέλλεται, ἢ τὴν εἰς τὸ ἀρχαῖον τῶν πεπτωκότων ἀποκατάστασιν· ἐπάνοδος γάρ τίς ἐστιν ἐπὶ τὴν πρώτην ζωὴν ἡ προσδοκωμένη χάρις. de virg. III. 373 c. ἐκεῖνο γενώμεθα ὃ ἦν παρὰ τὴν πρώτην ἑαυτοῦ ζωὴν ὁ πρωτόπλαστος.

3) de hom. opif. I. 185 a. ἥτις (sc. ἡ περὶ ἄῤῥεν καὶ ϑῆλυ διαφορά) οὐκέτι πρὸς τὸ ϑεῖον ἀρχέτυπον βλέπει, ἀλλὰ ... τῇ ἀλογωτέρᾳ προσῳκείωται φύσει.

4) ibid. I. 181 a ff.

Realisierung der ursprünglichen Menschheitsidee eine Vermehrung getreten, wie sie den Engeln eigen ist. Über ihre Art und Weise etwas näheres auszusagen, dazu sieht sich Gregor von Nyssa allerdings ausser Stande [1]. Indessen hatte er durch diese von philonischen Gedanken beeinflusste Interpretation des mosaischen Berichtes eine theoretische Begründung für die praktische Forderung der παρθενία gefunden, welche er namentlich in der Schrift de virginitate geltend macht.

Mit der durchaus intellektuellen Art des ersten Menschen streitet aber weiterhin die natürliche Ernährung durch Speise und Trank. Wir haben zu hoffen, dass der menschlichen Natur einst Befreiung von dieser Abhängigkeit zu teil werde in dem jenseitigen Leben, auf welches wir harren. So haben wir auch bei den Früchten im Garten Eden, welche der erste Mensch essen sollte, nur an eine Speise zu denken, welche der Seele frommt. Die vergängliche Nahrung dieser Welt wäre seiner unwürdig gewesen [2].

Die notwendige Voraussetzung zu diesen beiden inhärierenden Eigenschaften des ursprünglich von Gott ins Auge gefassten Menschen bildet die Leugnung eines materiellen Leibes, wie er dem wirklichen Menschen eigen ist. Allerdings lehnt der Nyssener die origenistische Anschauung von der Präexistenz der Seelen in einem besonderen Staate und ihrem vorweltlichen Falle ausdrücklich ab [3]. Diesem bestimmten Zeugnisse gegenüber fallen auch Stellen, in denen er augenscheinlich dieser spiritualistischen Ansicht huldigt [4], nicht ins Gewicht. Wir dürfen derartige Aussprüche mit Recht nach Möllers Vorgang [5] als rhetorische Inkonsequenzen betrachten. Indessen werden wir Krampf nicht

---

1) ibid. I. 189 a.

2) ibid. I. 196 c — d.

3) de an. et ress. III. 112 c. — de hom. opif. I. 232 a.

4) de mort. III. 512 a. . . . ἀκόλουθον ἂν εἴη πεπεῖσθαι, ὅταν διὰ τοῦ θανάτου πρὸς τὸ ἀσώματον μεταβαίνωμεν, προσεγγίζειν τῇ φύσει, ἢ πάσης σωματικῆς παχυμερείας κεχώρισται, καὶ οἷόν τι προσωπεῖον εἰδεχθὲς τὴν σαρκώδη περιβολὴν ἐκδυομένους, εἰς τὸ οἰκεῖον ἐπιέναι κάλλος, ἐν ᾧ κατ' ἀρχὰς ἐμορφώθημεν.

5) Moeller, Prot. R.-E.² V. S. 401. — id. Greg. Nyss. de nat. etc. S. 47. Reliquae autem sententiae ex orationibus allatae sunt, in quibus Gregorius animos audientium sive . . . ad studium recuperandae per virtutem primae beatitudinis commovere, sive ، . . consolari studet.

beistimmen können, wenn er die Meinung vertritt, dass der Nyssener für den Zustand der künftigen Vollendung und demgemäss auch für den idealen Urzustand nur eine Freiheit von dem jetzigen Körperleben postuliere, sofern es durch die κακία infiziert sei[1]. Nach seinen grundlegenden Ansichten über Geist und Materie ist ja ein wirkliches σῶμα ohne κακία nicht wohl denkbar, und es wird sich zeigen, dass der mit einem materiellen Leibe ausgestattete Mensch, auch abgesehen vom Sündenfalle, nicht mehr den höchsten ethischen Anforderungen unsres Kirchenvaters entspricht. Deswegen verlangt er für seinen idealen Menschen, worauf auch Krampf richtig hinweist, eine feinere pneumatische Leiblichkeit[2], welche nur das Beständige und sich stets gleichbleibende vom Körper enthält, soweit dadurch das Individuum (εἶδος) konstituiert wird[3].

Mit dieser rein geistigen Art des Menschen im Urzustande war unmittelbar auch die Gottähnlichkeit, ja die ·Gotteinheit gegeben. Das Leben im Paradiese wird uns als engelgleich geschildert[4]. Es bestand in einem ungehinderten Schauen Gottes[5], in der μετουσία des alle Begriffe übersteigenden Gutes[6], in einem Schwelgen in Gott[7]. Der Mensch war das ὁμοίωμα θεοῦ.

Von hier aus gewinnt Gregor auch seine Anschauung über das Verhältnis des θυμός und der ἐπιθυμία zur ursprünglichen Menschennatur[8]. Die Seele ist nicht identisch mit der göttlichen Natur, aber sie ist ihr ähnlich[9]. Daraus folgt, dass alles, was

---

1) Krampf, a. a. O. S. 15 f. Anm.

2) de an. et ress. III. 108 a. ὄψει γὰρ τοῦτο τὸ σωματικὸν περιβόλαιον .. οὐ κατὰ τὴν παχυμερῆ ταύτην καὶ βαρεῖαν κατασκευήν, ἀλλ' ἐπὶ τὸ λεπτότερόν τε καὶ ἀερῶδες μετακλωσθέντος τοῦ νήματος. ὥστε σοι παρεῖναι τὸ ἀγαπώμενον καὶ ἐν ἀμείνονι καὶ ἐρασμιωτέρῳ τῷ κάλλει πάλιν ἀποκαθίστασθαι. (Diese Stelle bezieht sich zwar auf den Auferstehungsleib. Da aber das zukünftige Leben eine Rückkehr zum Urzustande sein soll, dürfte sie auch auf den ideellen Protoplasten angewandt werden.)

3) de hom. opif. I. 228 a. τὸ μόνιμόν τε καὶ ὡσαύτως ἔχον ἐν τῷ καθ' ἡμᾶς συγκρίματι τούτῳ (sc. τῷ θεοειδεῖ τῆς ψυχῆς) προσφύεται.

4) de beat. I. 1257 a.

5) ibid. I. 1228 a. — de virg. III. 373 c.

6) de beat. I. 1225 d.

7) de virg. III. 373 c. . . . μόνον τοῦ κυρίου κατατρυφῶν.

8) Bergades, a. a. O. S. 41 ff.

9) de an et ress. III. 41 b.

Gott fremd ist, auch vom Begriffe der Seele ferngehalten werden muss. Zorn und Begierde sind keine Eigenschaften Gottes. Sie gehören also auch nicht zum Grundwesen der Seele. Sie sind gleichsam warzige Auswüchse an ihrem dianoëtischen Teile.

Allerdings sieht sich Gregor von Nyssa veranlasst, im weiteren Verlaufe des Dialoges über Seele und Auferstehung diese rein platonische Ansicht vom Verhältnisse der niedern Seelenkräfte zum λογισμός zu modifizieren. Er wird durch die Discrepanz seiner eigenen Meinung mit dem autoritativen Gottesworte [1] dazu bewogen, den θυμός und die ἐπιθυμία an sich für sittlich indifferent zu erklären, so dass beide von dem handelnden Subjekte beliebig zum Guten, oder zum Bösen gebraucht werden können [2]. Aber wir haben in dieser Konzession eben einen der Widersprüche zu erblicken, mit denen seine Anthropologie behaftet ist. Über die Meinung, welche dem Kirchenvater selbst im innersten Grunde mehr entspricht, werden wir nicht im Zweifel sein können, wenn wir uns von ihm darüber belehren lassen, dass jene Seelenkräfte πάθη τῆς φύσεως sind, aber zur οὐσία des Menschen, zur ἀληθῶς φύσις nicht gerechnet werden dürfen [3]), und dass im Stande der künftigen Vollendung, der ja lediglich eine Rückkehr zum Urzustande sein soll, die ἐπιθυμία ausgemerzt sein wird [4]. Hierdurch dürfte auch die Ansicht Krampfs widerlegt sein [5]) der in jener spiritualistischen Darstellung des Urzustandes eine polemische Kondescendenz gegen die Manichäer erblickt und den Nyssener als Vertreter der biblischen Lehre vom Menschen retten möchte.

Es lässt sich nicht behaupten, dass dem Gregor von Nyssa durch seine Hypothese vom geschlechtslosen Protoplasten eine Vermittelung zwischen den heterogenen anthropologischen An-

---

[1] ibid. III. 57 a. δείκνυσι τοίνυν ὁ λόγος, τὸ μὴ πάθη τὰ τοιαῦτα δεῖν οἴεσθαι.

[2] ibid. III. 65 c — 68 a. οὔτε ἀρετὴν, οὔτε κακίαν ἐφ᾽ ἑαυτὸν ταῦτα ἀποφανούμεθα, ὅσα κινήματα τῆς ψυχῆς ὄντα. ἐπὶ τῇ ἐξουσίᾳ τῶν χρωμένων κεῖται, ἢ καλῶς ἢ ὡς ἑτέρως ἔχειν, ἀλλ᾽, ὅταν μὲν αὐτοῖς πρὸς τὸ κρεῖττον ἡ κίνησις ᾖ, ἐπαίνων γίνεσθαι ὕλην . . . , εἰ δὲ πρὸς τὸ χεῖρον γένοιτο ἡ ῥοπή, τότε πάθη γίνεσθαι ταῦτα καὶ ὀνομάζεσθαι.

[3] ibid. III. 53 c — 56 a.

[4] ibid. III. 89 c. οὐκέτι ἔσται χρεία τῆς κατ᾽ ἐπιθυμίαν κινήσεως, ἢ πρὸς τὸ καλὸν ἡγεμονεύσει.

[5] a. a. O. S. 24. 86 f.

schauungen der heiligen Schrift und des auf Plato fussenden
Origenes irgendwie gelungen wäre. Denn auch so muss die
Wirklichkeit der Schöpfung als ein Abfall von der Idee erscheinen.
Und in der That ist die sexuelle Differenzierung nach der Meinung
des Kirchenvaters von Gott nur im Hinblick auf den Sündenfall
eingerichtet worden [1]), damit die Menschheit später als lindernden
Trost für das Sterben die Ehe habe [2]).

Der geschlechtliche Unterschied aber bringt den Menschen
in die Gemeinschaft mit der vernunftlosen körperlichen Natur [3]).
Man kann deswegen nicht, wie Hylt [4]), den Unterschied zwischen
dem vorparadiesischen und dem paradiesischen Zustande ausschliesslich in die Sexualisierung setzen. Vielmehr ist ja mit der
geschlechtlichen Teilung in Mann und Weib auch zugleich die
körperliche Einrichtung und Bildung gegeben. Notwendigerweise
aber müssen ferner mit dem Körper auch die Affekte vorhanden
sein, da sie das unerlässliche Bindeglied zwischen dem $\lambda\delta\gamma o\varsigma$ im
Menschen und dem $\sigma\tilde{\omega}\mu\alpha$ bilden [5]). Das göttliche Ebenbild besteht
also in diesem historischen Urzustande vornehmlich in der Neu-
tralisierung der untergeordneten Seelenkräfte durch die Hegemonie
der Vernunft und der sich hieraus ergebenden Harmonie aller
Teile im Menschen [6]).

Gemeinsam ist beiden Anschauungen über den status inte-
gritatis die starke Betonung des Intellekts. Aber während Gregor
der zweiten Ansicht, welche die leibliche Seite des Menschen
mehr zu ihrem Rechte kommen lässt, den Vorzug giebt, wo er
die Herrscherstellung des Menschen innerhalb des Weltganzen
schildert, dient ihm die spiritualistische zur Grundlage für seine Ethik.

---

[1]) de hom. opif. I. 185 a. $\pi\varrho o\varkappa\alpha\tau\alpha\nu o\acute{\eta}\sigma\alpha\varsigma$ $\tau\tilde{\eta}$ $\pi\varrho o\gamma\nu\omega\sigma\tau\iota\varkappa\tilde{\eta}$ $\delta\upsilon\nu\acute{\alpha}\mu\epsilon\iota$,
$\pi\varrho\grave{o}\varsigma$ $\tilde{o}$ $\tau\iota$ $\acute{\varrho}\acute{\epsilon}\pi\epsilon\iota$ . . . $\acute{\eta}$ $\tau\tilde{\eta}\varsigma$ $\grave{\alpha}\nu\vartheta\varrho\omega\pi\acute{\iota}\nu\eta\varsigma$ $\pi\varrho o\alpha\iota\varrho\acute{\epsilon}\sigma\epsilon\omega\varsigma$ $\varkappa\acute{\iota}\nu\eta\sigma\iota\varsigma$, $\acute{\epsilon}\pi\epsilon\iota\delta\grave{\eta}$ $\tau\grave{o}$ $\acute{\epsilon}\sigma\acute{o}\mu\epsilon\nu o\nu$
$\epsilon\tilde{\iota}\delta\epsilon\nu$, $\acute{\epsilon}\pi\iota\tau\epsilon\chi\nu\tilde{\alpha}\tau\alpha\iota$ $\tau\tilde{\eta}$ $\epsilon\grave{\iota}\varkappa\acute{o}\nu\iota$ $\tau\grave{\eta}\nu$ $\pi\epsilon\varrho\grave{\iota}$ $\tau\grave{o}$ $\check{\alpha}\varrho\varrho\epsilon\nu$ $\varkappa\alpha\grave{\iota}$ $\vartheta\tilde{\eta}\lambda\upsilon$ $\delta\iota\alpha\varphi o\varrho\acute{\alpha}\nu$.

[2]) de virg. III. 376 a.

[3]) de hom. opif. I. 181 c. $\check{\epsilon}\xi\epsilon\sigma\tau\iota$ $\acute{\epsilon}\nu$ $\tau\tilde{\omega}$ $\grave{\alpha}\nu\vartheta\varrho\omega\pi\acute{\iota}\nu\omega$ $\sigma\upsilon\gamma\varkappa\varrho\acute{\iota}\mu\alpha\tau\iota$ $\vartheta\epsilon\omega\varrho\tilde{\eta}\sigma\alpha\iota$
. . . $\tauo\tilde{\upsilon}$ $\grave{\alpha}\lambda\acute{o}\gamma o\upsilon$ $\tau\grave{\eta}\nu$ $\sigma\omega\mu\alpha\tau\iota\varkappa\grave{\eta}\nu$ $\varkappa\alpha\tau\alpha\sigma\varkappa\epsilon\upsilon\grave{\eta}\nu$ $\varkappa\alpha\grave{\iota}$ $\delta\iota\acute{\alpha}\pi\lambda\alpha\sigma\iota\nu$ $\epsilon\grave{\iota}\varsigma$ $\check{\alpha}\varrho\varrho\epsilon\nu$ $\tau\epsilon$ $\varkappa\alpha\grave{\iota}$
$\vartheta\tilde{\eta}\lambda\upsilon$ $\mu\epsilon\mu\epsilon\varrho\iota\sigma\mu\acute{\epsilon}\nu\eta\nu$.

[4]) a. a. O. S. 99.

[5]) de an. et ress. III. 60 c — 61 a. $o\grave{\upsilon}\varkappa$ $\check{\epsilon}\sigma\tau\iota\nu$ $\check{\alpha}\lambda\lambda\omega\varsigma$ $\tau\grave{\eta}\nu$ $\lambda o\gamma\iota\varkappa\grave{\eta}\nu$ $\delta\acute{\upsilon}\nu\alpha\mu\iota\nu$
$\acute{\epsilon}\gamma\gamma\epsilon\nu\acute{\epsilon}\sigma\vartheta\alpha\iota$ $\tau\tilde{\eta}$ $\sigma\omega\mu\alpha\tau\iota\varkappa\tilde{\eta}$ $\zeta\omega\tilde{\eta}$, $\mu\grave{\eta}$ $\delta\iota\grave{\alpha}$ $\alpha\grave{\iota}\sigma\vartheta\acute{\eta}\sigma\epsilon\omega\nu$ $\acute{\epsilon}\gamma\gamma\iota\nu o\mu\acute{\epsilon}\nu\eta\nu$ . . . $\tau\alpha\tilde{\upsilon}\tau\alpha$ $\delta\acute{\epsilon}$
$\acute{\epsilon}\sigma\tau\iota\nu$ $\check{o}\sigma\alpha$ $\acute{\epsilon}\nu$ $\acute{\eta}\mu\tilde{\iota}\nu$ $\gamma\iota\nu\acute{o}\mu\epsilon\nu\alpha$ $\pi\acute{\alpha}\vartheta\eta$ $\lambda\acute{\epsilon}\gamma\epsilon\tau\alpha\iota$.

[6]) ibid. III. 61 b. — de hom. opif. I. 161 c — d. — vgl. Moeller, Greg. Nyss.
de nat. etc. S. 38 f. — Krampf, a. a. O. S. 93 ff.

Die Sünde.

Die Sünde [1]) ist eine That des Menschen, die er vermöge seines freien Willens ausführen kann. Wir sind nicht durch die Schuld des Schöpfers böse geworden, sondern die προαίρεσις eines jeden legt den Grund zu diesem Zustande. Das Böse kann seiner Natur nach nicht ausserhalb des Willens sein [2]).

Nun gehört aber nach Gregors Meinung, der hier ganz in Platos Bahnen wandelt, der Wille zu den untergeordneten Seelenkräften. Wenigstens ist eine andere Stelle für ihn nicht zu finden, da das Denken ein ἄμικτον ist, das rein für sich betrachtet werden muss und als die alleinige Bevorzugung des menschlichen Lebens erscheint [3]). Bei diesem Vorrange der Vernunft aber ist die Sünde nur aus einem intellektuellen Fehler zu erklären. Der Wille wird von der Vernunft schlecht beraten. Er begiebt sich aus Unbesonnenheit (ἀβουλία) auf die Bahn des Bösen, nachdem der dianoëtische Teil der Seele seinerseits durch den Betrug des Satans (ἀπάτη) zu einem falschen Urteile über das wahre Gut verleitet worden ist [4]).

Zwar kennzeichnet Gregor die Sünde auch als παρακοή und Entfremdung von Gott, dem wahren und einzigen Leben. Im Einklang mit der heiligen Schrift erklärt er, der Ungehorsam des Willens, nicht des Leibes sei Sünde [5]). Aber sobald er sich in seinen Erörterungen nicht durch die Autorität und den Sprachgebrauch der Bibel leiten lässt, sondern seinen eigenen philosophischen Grundlagen folgt, bricht der Intellektualismus in seiner Betrachtungsweise immer wieder hindurch. Ein Beleg hiefür ist seine Darstellung der verschiedenen Grade und Arten der Sünde, die er in seiner epistola canonica giebt. Hier erscheinen an erster

---

[1]) Moeller, Greg. Nyss. de nat. etc. S. 56—71.

[2]) in cant. cant. hom. 2. I. 792 d. — de an. et ress. III. 101 a.

[3]) de an. et ress. III. 60 b — c. τὸ δὲ διανοητικόν τε καὶ λογικὸν ἄμικτόν ἐστι καὶ ἰδιάζον ἐπὶ ταύτης τῆς φύσεως, ἐφ᾽ ἑαυτοῦ θεωρούμενον . . . ἐκείνων (sc. τῆς ἀλόγου φύσεως ἰδίων) ὁ θυμὸς . . . ἐκείνων τὰ ἄλλα πάντα, πλὴν τῆς λογικῆς τε καὶ διανοητικῆς δυνάμεως.

[4]) de vit. Mos. I. 381 b. ἡμεῖς οἱ ἐξ ἀβουλίας τὸ εἶναι παραφθείραντες.
or. cat. II. 29 c. . . . δι᾽ ἀπάτης τῇ προαιρέσει τοῦ ἀνθρώπου τὴν κακίαν ἐμμίξας ὁ ἀντικείμενος.

[5]) c. Eun. II. 545 b. — de or. dom. I. 1161 d — 1164 a.

Stelle die Sünden, welche im vernünftigen Teile der Seele ihren
Ursprung haben, die unchristliche Anschauung von Gott (ἀσέβεια),
das falsche Urteil über das wahrhaft Seiende, die verkehrte
Ansicht über die Natur. Diesen untergeordnet und daher auch
durch eine weniger lange Busszeit zu sühnen sind dagegen die
Vergehen, welche von den niedern Seelenkräften veranlasst werden,
wie Ehrsucht, Neid u. dergl., ja selbst Unzucht und Mord [1]).

Worin besteht aber der intellektuelle Fehler des sündigen
Menschen? In der falschen Einschätzung der Güter, in der Bevorzugung des Scheins vor dem Sein [2]). Nun ist aber letzteres
allein in der geistigen Welt zu suchen, ersterer hingegen im Sinnlichen und Materiellen. Der Fehler des Menschen bestand also
von Anfang an darin, dass er sich vom Satan verführen liess, sich
freiwillig dem tierischen und unvernünftigen zuzuwenden [3]). Mit
diesem aber sind wir durch die Sinne verwandt. Demnach ist
das Wesen der Sünde in die Sinnlichkeit zu setzen.

Zwar lehnt Gregor ausdrücklich den Gedanken ab, dass der
Leib die Ursache des Bösen im Menschen sei. Denn in diesem
Falle müsste es in allen denen, welche in das somatische Leben
eingetreten sind, gleichmässig vertreten sein [4]). Vielmehr bieten
die untergeordneten Seelenkräfte, die πάϑη, den Anlass zur Sünde.
„Wenn die Vernunft wie ein Wagenlenker die Zügel verliert,
zwischen das Fuhrwerk kommt und hinter ihm hergeschleift wird,
wohin und soweit sie das unvernünftige Gebahren des Gespannes
(ϑυμός und ἐπιϑυμία) fortreisst, dann kehren die Regungen sich
zur Leidenschaftlichkeit. So steigt, wenn diese Eigenschaften
durch die Vernunft nicht auf den richtigen Weg gebracht werden,
und die Leidenschaften über die Vernunft dominieren, der Mensch
von der Stufe des Denkens und der Göttlichkeit zur Unvernunft

---

1) ep. canon. II. 224 d ff.
2) de hom. opif. I. 197 c — 201 a. Hier wird die biblische Erzählung vom
Baume der Erkenntnis des Guten und Bösen in diesem Sinne gedeutet. — Vgl.
auch die Bezeichnung der Sünde als ἀκρισία in Psalm I. 453 c; de an. et ress. III.
64 d u. ö.
de beat. I. 1249 c. ἐν τούτῳ γὰρ μάλιστα τῷ μέρει πλημμελεῖται ἡμῶν
ἡ ζωή, ἐν τῷ μὴ δύνασθαι ἀκριβῶς συνιέναι, τί τὸ φύσει καλὸν, καὶ τί τὸ δι'
ἀπάτης τοιοῦτον ὑπονοούμενον.
3) de mort. III. 521 d.
4) ibid. III.. 528 a.

und zum Unverstande herab, bethört durch die Regungen der Leidenschaften" [1]). Noch genauer bezeichnet Gregor insonderheit das Begehrungsvermögen als den ursprünglichen Sitz der Sünde. „Als dieses ἐπιθυμητικόν die Oberhand erhielt, und infolgedessen die ἐγκράτεια vor der Übermacht gewichen war, und nichts den masslosen Fortschritt der Begierde aufhielt, da entstand für die Menschheit die todbringende Krankheit der Sünde"[2]). Durch die ἡδονή sind wir dem Satan unterthan geworden[3]).

Augenscheinlich wird durch diese Verlegung des Sitzes der Sünde in die Affekte für ein tieferes Verständnis der κακία nicht viel gewonnen, da ja jene πάθη dem Menschen nur um des Körpers willen anerschaffen sind[4]). Das somatische, materielle, hylische bildet nach wie vor den wesentlichen Gehalt des Bösen[5]). Und es kann somit kaum wunderbar erscheinen, wenn der Nyssener mit seiner oben erwähnten Aussage in Widerspruch tritt und nun doch den Leib als das ursprünglich Böse im Menschen bezeichnet[6]).

Im Anschluss an das neue Testament drückt Gregor den Gegensatz zwischen Gut und Böse im Menschen häufig durch die Begriffe πνεῦμα und σάρξ aus. Aber er muss nach seinen Voraussetzungen mit diesen Worten einen ganz anderen Sinn verbinden, als Jesus und die Apostel. Sowohl im Munde des Herrn, als seiner Jünger bezeichnet σάρξ und πνεῦμα einen vorwiegend ethischen Gegensatz. Insonderheit gilt von Paulus, „dass er die dem Menschen durch die σάρξ und in ihr von Natur wegen

---

[1]) de an. et. ress. III. 61 b — d.

[2]) de or. dom. I. 1161 d.

[3]) or cat. II. 60 c. τοῦ ἀνθρώπου ἑαυτὸν δι᾽ ἡδονῆς τῷ ἐχθρῷ τῆς ζωῆς ὑποζεύξαντος.

[4]) siehe S. 28 Anm. 5.

[5]) de profess. christ. III. 248 b. τῇ κάτω ταύτῃ τῇ ὑλωδεστέρᾳ ζωῇ τὰ κατὰ κακίαν ἐνεργεῖται πάθη.
de an. et ress. III. 64 c — 65 a statt ὁλομανήσασα lies ὑλομανήσασα. (Öhler.)

[6]) de Christi ress. III. 677 c. εἰ δέ τις ἀκριβὴς γένοιτο δικαστὴς τῶν ἀνθρωπίνων πλημμηλάτων, καὶ σκοπήσειεν ἐπιμελῶς, πόθεν φέονται αἱ πρῶται τῆς ἁμαρτίας αἰτίαι, τάχα πρῶτον ἀτακτοῦν ἐν τοῖς ἐγκλήμασιν εὑρήσει τὸ σῶμα.
ibid. III. 677 d. Καί μοι κατὰ μικρὸν οὕτως ἐπιόντι καὶ σκοπουμένῳ ὑπαίτιον εὑρίσκεται τῶν πολλῶν ἁμαρτιῶν τὸ σωμάτιον.

eignende Art stets unter religiösem Gesichtspunkte anschaut, . . .
es ist die Art, welche dem Menschen Gott gegenüber auf der
Basis seines im Fleischeswege vermittelten Daseins und somit in
seinem Fleische eignet, und so gestaltet sich denn der alttestamentliche Gegensatz zwischen Gott und Mensch, zwischen
רוּחַ und בָּשָׂר, zu dem Gegensatze zwischen πνεῦμα und σάρξ mit
der Massgabe, dass es das neutestamentliche πνεῦμα ἅγιον ist,
der Geist der Heilsgegenwart Gottes, wie ihn die Glieder des
neuen Bundes erfahren"[1]). Anders Gregor von Nyssa. Bei seiner
Auslegung des Makarismus: „Selig sind die Friedfertigen, denn
sie werden Gottes Kinder heissen" bemerkt er, dass sich diese
Seligpreisung nicht blos auf die äusseren Verhältnisse des Menschen
zum Menschen beziehe, sondern, dass recht eigentlich der den
Namen eines Friedfertigen verdiene, welcher den in seinem Innern
bestehenden Hader zwischen σάρξ und πνεῦμα und den innern
Krieg der Natur zur friedlichen Eintracht führt, wo dann das
Gesetz des Leibes (ὁ τοῦ σώματος νόμος), welches dem Gesetze
des Geistes widerstreitet (ὁ ἀντιστρατευόμενος τῷ νόμῳ τοῦ νοός)
nicht fernerhin in Kraft ist, sondern der bessern Herrschaft unter-
worfen, zum vollstreckenden Diener der göttlichen Gebote wird[2]).
Hier sind also σάρξ und σῶμα ebenso Wechselbegriffe, wie πνεῦμα
und νοῦς. Die neutestamentliche Anschauungsweise hat der
hellenischen weichen müssen. Der ethische Gegensatz ist, wie
wir das schon vorher bei der Wertung der Begriffe Geist und
Materie beobachtet haben, in einen metaphysischen umgebogen
worden. Dass aber der letztere Gesichtspunkt bei Gregor stets
massgebend ist, dafür sprechen nicht nur die Prämissen, auf denen
er seine Ethik aufbaut, sondern auch die Thatsache, dass er
neutestamentliche Stellen, in denen von σάρξ und πνεῦμα die
Rede ist, in seinem Sinne umdeutet. So belegt er den Satz, dass
der, der nicht mehr auf Fleisch und Blut sieht, sein Augen-
merk auf das pneumatische Leben richtet, durch das Apostelwort:
εἰ ζῶμεν πνεύματι, πνεύματι καὶ στοιχῶμεν (Gal. 5, 25). Diese
Forderung des Paulus aber wird dahin näher bestimmt, dass wir
durch das πνεῦμα die Werke des Leibes (τὰς πράξεις τοῦ σώματος)
töten sollen, und ganz und gar pneumatisch, nicht psychisch oder

---

1) Cremer, Bibl.-theolog. Wörterbuch der neutest. Hräeität 7. Aufl. S. 831.
2) de beat. I. 1289 c — d.

sarkisch zu werden verpflichtet sind[1]). Auch hier werden σάρξ und σῶμα identifiziert. In der Zusammenstellung mit ψυχή und σάρξ aber kann πνεῦμα nicht wohl den heiligen Geist Gottes, die dritte Hypostase der Trinität bedeuten, sondern nur den obersten Teil des trichotomisch gedachten Menschen.

Wenn die Sünde nach ihrer formalen Seite intellektuell zu verstehen, nach ihrer realen Seite aber in die Sinnlichkeit zu setzen ist, so kann auch ihr Einfluss auf das persönliche Verhältnis Gottes zum Menschen einerseits, wie auf den thatsächlichen Bestand der Menschheit in der Gegenwart andrerseits nicht von so weittragender Bedeutung sein, wie es nach der Lehre der heiligen Schrift der Fall ist.

In der That nimmt Gregor auch keinen Anstand, die Strafgerechtigkeit Gottes zu leugnen[2]). Von einem Zorne Gottes, der offenbart wird über alles gottlose Wesen und Ungerechtigkeit der Menschen, oder gar von einem Zorne des heiligen Gottes, der über dem Sünder bleibt, weiss er nichts. Nicht aus Hass, oder zur Bestrafung wegen ihres schlechten Wandels verhängt Gott Schmerzen über die Sünder, sondern in einer besseren Absicht zieht er, welcher die Quelle aller Glückseligkeit ist, die Seele an sich, so dass den Emporgezogenen der Schmerz nur nach dem Gesetze einer gewissen Notwendigkeit trifft. Ähnlich, wie im Schmelzofen nicht nur die Schlacke, sondern auch das reine Gold in Fluss gebracht werden muss, so muss auch ganz notwendigerweise das Böse durch das reinigende Feuer verzehrt werden, und die mit ihm vereinigte Seele solange in dem Feuer bleiben, bis die eingemischte Schlacke und unsaubere Materie durch das Feuer aufgezehrt sein wird[3]). Das Verhalten Gottes gegenüber der sündigen Menschheit ist demnach lediglich pädagogischer Natur. Und mit Recht hat deshalb Rupp unsern Kirchenvater mit Lessing in Parallele gestellt[4]). Zwar redet

---

[1]) in cant. cant. hom. 4. I. 833 d.

[2]) de an. et ress. III. 100 b. οὐχ ἡ θεία κρίσις, ὡς ἔοικε, τοῖς ἐξημαρτηκόσιν ἐπάγει τὴν κόλασιν. Nicht blos ein fingierter Einwurf, sondern als wirkliche Meinung Gregors bestätigt durch die folgende Antwort der Makrina: οὕτω καὶ ὁ ἐμός ἐστι λόγος. — ähnlich Philo. (Heinze, a. a. O. S. 212 f.)

[3]) ibid. III. 100 a.

[4]) Rupp, Gregors des Bischofs von Nyssa Leben und Meinungen, 1834. S. 262.

Gregor auch gelegentlich von einem Gerichte und einer Bestrafung derer, die den Weg der Tugend nicht wandeln wollen [1]). Aber auch die jenseitigen Strafen dienen nur der Besserung und der Reinigung vom Hylischen. Die Begierde nach dem Fremdartigen an der ja eigentlich rein geistigen Natur des Menschen kann keinen Bestand haben. Es muss dem Menschen schliesslich lästig und überdrüssig werden. Blos das dem Unsinnlichen Verwandte und Gleichartige wird dem Menschen auf die Dauer begehrenswert erscheinen. Dieses aber ist allein in der reinen, immateriellen und unkörperlichen Gottheit zu suchen [2]). Das Ende ist somit die ἀποκατάστασις τῶι πάντων. Alles Böse muss einst in das Nichts, in das μὴ ὄν versinken und vom wahren Sein verschlungen werden. Die göttliche Güte wird alles Geistige umfassen. Nichts, was aus Gottes Schöpferhand hervorgegangen ist, wird dem Reiche Gottes fern bleiben, wenn das Hylische durchs Reinigungsfeuer gänzlich ausgeschieden ist, und alles wieder so fleckenlos sein wird, wie am Anfang [3]).

Ebensowenig aber, wie Gregor die Trübung des rechten Verhältnisses zwischen Gott und Mensch, welches durch die Sünde eingetreten ist, in ihrer ganzen Grösse zu würdigen weiss, ebensowenig kommt bei ihm die Depravation des menschlichen Geschlechtes durch das Böse in ihrem vollen Umfange zur Geltung. Zwar weiss auch er von einer Gesamtschuld aller Nachkommen Adams zu reden (τὰ κοινὰ τῆς ἀνθρωπίνης φύσεως ὀφλήματα) [4]). Mehr noch, er spricht die Allgemeinheit des Sündenverderbens unumwunden aus: „Meiner Ansicht nach ist es bei der vielfachen Thätigkeit unsres Lebens, eines Teils der der Seele und des Verstandes, andern Teiles der der Sinne und des Körpers schwierig oder ganz und gar unmöglich nicht irgendwie mit der sündigen Leidenschaft in Berührung zu kommen. Ich will damit sagen, da dies körperliche Leben des Genusses unsern Sinnen zugeteilt ist, das der Seele hingegen in dem Streben unsres denkenden Geistes

---

1) de infant. III. 169c. ἐπὶ τῶν ἀνιαρῶν ἐξ ἀμφοτέρων συνενεχθῆναι δεῖν πάντως τὸν μετασχόντα τοῦ χρονιωτέρου βίου, ἢ νῦν τῷ ἐπιπόνῳ τῆς ἀρετῆς ἐναθλοῦντα, ἢ τότε διὰ τὴν ἐν κακίᾳ ζωὴν τῇ ἀντιδόσει τῶν ἀλγεινῶν ὀδυνώμενον.
2) de mort. III. 525c — d.
3) in illud, tunc ipse filius etc. I. 1313a.
4) de or. dom. I. 1184a.

und der Bewegung des Willens seinen Bereich hat, wer ist da
so hohen und grossen Sinnes, dass er nach beiden Seiten hin
von der Befleckung des Bösen freibliebe? Wessen Auge ist ohne
Sünde? Wessen Ohr ohne Schuld?" Und weiter: „Den Schwarm
der Sünden der Seele und des Willens, welche Rede vermöchte ihn
wohl aufzuzählen? Wenn sonach die Netze der Sünden durch alle
Sinne und durch die innere Regung des Herzens ringsum auf-
gestellt sind, wer will sich dann rühmen, wie die Weisheit sagt,
ein lauteres Herz zu haben? Da nun diese Mängel uns anhaften
und überall und durchaus in allen, welche die gleiche Natur
teilen, auch eine Teilnahme an den Vergehungen der Natur statt-
findet, darum fallen wir vor Gott im Gebete nieder und rufen
ihn um Vergebung unsrer Schuld an"[1]). Diese weite Verbreitung
des Bösen aber erklärt der Nyssener durch die Vererbung der
Sünde. Von Generation zu Generation hat sie sich fortgepflanzt
und hat, durch die Missethat jedes einzelnen vermehrt, die Herrschaft über die Gesamtmenschheit gewonnen. Denn nach dem
Gesetze, dass das Geborene gleicher Art mit dem Gebärenden ist,
wird auch aus einem Menschen ein Mensch, aus einem den
Leidenschaften Unterworfenen ein den Leidenschaften Unter-
worfener, aus einem Sündhaften wieder ein Sündhafter. Sonach
entsteht die Sünde gewissermassen zugleich mit denen, welche
in's Leben eintreten, wird zugleich mitgeboren und wächst mit
auf und endet mit an der Grenze des Lebens[2]).

Trotzdem ist Gregor von Nyssa keineswegs unter die Vertreter der eigentlichen Lehre vom peccatum originale zu rechnen.
Denn einmal ist die Ursache der Sündhaftigkeit nicht sowohl die
Verderbnis der ganzen Persönlichkeit, als vielmehr das Über-
wuchern der im Menschen wohnenden $\pi\alpha\vartheta\eta$ mit ihrer Lust[3]).

---

1) ibid. I. 1185a — 1188b.

2) de Christ. ress. III. 608d — 609a. ἀδύνατόν ἐστιν ἀριθμῷ διαλειφθῆ-
ναι τὸ πλῆθος, ὧν ἐν ταῖς διαδοχαῖς ἡ κακία συνεπλατύνετο, καὶ ὁ κακὸς
τῆς πονηρίας πλοῦτος εἰς τοὺς καθ' ἕκαστον μεριζόμενος, δι' ἑκάστου μείζων
ἐγίνετο, καὶ οὕτω πολυγονοῦσα συνδιεξήει ταῖς ἀεὶ ἐπιγενομέναις γενεαῖς ἡ
κακία χεομένη τῷ πλήθει πρὸς ἄπειρον, ἕως εἰς τὸ ἀκρότατον τοῦ κακοῦ
προελθοῦσα, πάσης κατεκράτησε τῆς ἀνθρωπίνης φύσεως.
de beat. I. 1273a — b.

3) de an. et ress. III. 101b. ὥστε προνοητέον, ἢ καθ' ὅλου τῶν τῆς
κακίας μολυσμάτων τὴν ψυχὴν ἀμιγῆ φυλάξαι . . ., ἢ, εἰ τοῦτο πάντη

Dann aber wird die als Regel geltende Allgemeinheit des Sündenverderbens zuweilen durchbrochen. Gregor hat eben sein Urteil,
dass die Menschen allzumal Sünder sind, nur aus der ihm zu-
gänglichen Erfahrung, nicht aus einem Prinzipe heraus gewonnen.
Daher schreibt er nicht blos den unentwickelten Kindern an
mehreren Stellen Sündlosigkeit zu[1]), sondern nennt auch er-
wachsene Persönlichkeiten, die sich von der sonst generellen Ge-
wohnheit des Sündigens freigehalten haben[2]).

Es erhebt sich die Frage, wie eine derartige Emanzipierung
von der allgemeinen Regel möglich ist. Durch die eigene Willenskraft? Oder durch eine besondere Gnade? Oder durch beides in
irgend welchem Zusammenwirken? Die Beantwortung dieser Frage
ist von der grössten Wichtigkeit für die Beurteilung der Ethik
eines christlichen Philosophen.

Freier Wille und Gnade.

Ob und wieweit eine Ethik christlich ist, entscheidet sich
darnach, wie sie die Frage nach der Freiheit des Willens be-
antwortet. Denn der Grundunterschied jeder ausserchristlichen
Sittenlehre von der christlichen liegt darin, dass die letztere
wahrhaft sittliche Handlungen nur dann für möglich hält, wenn

---

ἀμήχανον διὰ τὸ ἐμπαθὲς τῆς φύσεως ἡμῶν, ὡς ὅτι μάλιστα ἐν μετρίοις
τισὶ καὶ εὐθεραπεύτοις εἶναι τὰ τῆς ἀρετῆς ἀποτεύγματα.

1) de vit. Mos. I. 352 d. — in bapt. Christ. III, 580 d — 581 a. ὡς γὰρ τὸ
εὐθύτοκον παιδίον ἐλεύθερόν ἐστιν ἐγκλημάτων καὶ τιμωριῶν, οὕτως καὶ
ὁ τῆς ἀναγεννήσεως παῖς οὐκ ἔχει περὶ τίνος ἀπολογήσεται.

2) de beat. I. 1221 d. Als Beispiele werden Johannes und Elias genannt,
von denen es weiter heisst: ἆρα ἔξω τῆς μακαριότητος εἶναι ὁ λόγος αὐτοὺς
ὑποθήσεται, τοὺς μήτε τὴν ἀρχὴν νενοσηκότας, μήτε τοῦ φαρμάκου τούτου,
λέγω δὲ τοῦ ἐκ μετανοίας πένθους εἰς χρείαν ἐλθόντας;

die göttliche Gnade dem Menschen ihren Beistand gewährt. Das Verhältnis der beiden konkurrierenden Faktoren ist im Laufe der geschichtlichen Entwickelung verschieden bestimmt worden. Die einen haben der Gnade, die andern der menschlichen Freiheit von vornherein ein grösseres Recht eingeräumt. Jedenfalls aber würde diejenige Ethik nicht mehr auf den Namen einer christlichen Anspruch machen dürfen, welche den göttlichen Faktor gänzlich ausmerzt, ebensowenig wie die, welche an die Stelle der göttlichen Gnade eine absolute Kausalität setzt, die auch die menschlichen Willenshandlungen unbedingt in ihren Bannkreis zieht.

Welche Stellung nimmt nun der christliche Kirchenvater Gregor von Nyssa in dieser überaus wichtigen ethischen Frage ein? Die Ableitung der Sünde aus der endlichen Sinnlichkeit des Menschen lässt erwarten, dass dem Willen möglichste Freiheit zum selbstthätigen Handeln im Bereiche des Guten eingeräumt werden wird. In der. That belehrt uns Gregor, dass sich der menschliche Wille eben wegen der Inferiorität des Bösen im Vergleiche zum Guten unmöglich auf die Dauer dem ersteren zuwenden könne. Denn unsre Natur ist veränderlich. Aus diesem Grunde bleibt sie auch an dem Bösen nicht haften. Denn etwas, das stets in Bewegung ist, wie eben unsre $\tau\varrho\varepsilon\pi\tau\iota\varkappa\grave{\eta}$ $\varphi\acute{v}\sigma\iota\varsigma$, wird, auf der Bahn des Guten befindlich, wegen der Unendlichkeit des zu durchlaufenden Gebietes sein Streben nach vorwärts niemals einstellen, weil es kein Ziel für sein Streben findet. Umgekehrt muss es auf der Bahn des Bösen, welches ja im Gegensatze zum Guten endlich ist, irgendwann einmal die äusserste Grenze erreichen und sich dann notwendigerweise wieder zum Guten wenden. So beginnt zuletzt unsere stets bewegliche Natur den Rücklauf auf die Bahn des Guten, gewitzigt und gewarnt durch die Erinnerung an das vorausgegangene Unglück, sich nicht von neuem ähnlichen Zuständen preiszugeben [1]).

Es ist oben gezeigt worden, wie Gregor diese Theorie dazu benutzt, um seine Lehre von der Apokastasis zu stützen (S. 34). Sie ist zugleich ein Beweis, wie wenig er sich mit einer dauernden Gebundenheit des Willens durch die Sünde befreunden kann.

---

[1]) de hom opif. I. 201 b — c.

Immerhin würde sie allein noch nicht zur Beantwortung der Frage
genügen, die hier vor allem zu lösen ist, ob sich der menschliche
Wille jederzeit, unter allen Umständen für das Bessere ent-
scheiden kann.

Nach der Darstellung Herrmanns[1]) könnte es scheinen, als
ob der Nyssener in dieser Hinsicht keinerlei Beschränkung für
die freie Bewegung des Willens kennte, als ob er für eine Bethätigung der göttlichen Gnade gar keinen, oder wenigstens so
gut, wie keinen Raum zu finden wüsste. Das Gnadenwerk Christi
habe nämlich auf das Gebiet des Sittlichen durchaus keinen Einfluss: Redemptio hominis fit natura humana a deo unigenito
assumpta. Cuius assumptionis duo effectus salutares discernuntur.
Alter in malo removendo consistit, quod non solum mors dicitur,
sed etiam malitia (κακία), alter in vi vivifica naturae humanae
addita ponitur. Hanc autem vim non ad mores emendandos,
sed ad solam vitam immortalem efficiendam pertinere manifestum
est. Ad solam enim vitae immortalitatem Christum homines
trahere docetur, de moribus renovandis aut de culpae con-
scientia placanda nihil legitur (a. a. O. S. 20). Demnach würde
sich die Gnade Gottes in der Aufhebung der Übel erschöpfen.
Die Gnadenlehre Gregors würde unter den göttlichen Eigenschaften
nur dem amor und der potentia Genüge leisten, keineswegs aber
der sanctitas. Diese zu befriedigen bliebe einzig und allein dem
Menschen überlassen, der zu diesem Zwecke auf die Bethätigung
seines liberum arbitrium angewiesen wäre; mit andern Worten
der Ethik des Gregor von Nyssa wäre der christliche Charakter
durchgehends abzusprechen, wenn man nicht etwa als letzten Rest
der göttlichen Gnadenwirkung das anerkennen möchte, was nach
Herrmann unser Kirchenvater als einzigen Effekt der Erlösungsthat Christi im Bereiche des sittlichen Lebens noch übrig lässt:
Christus homines hac in terra viventes eo adiuvat, quod virtutis
exemplum praeclarissimum ipse exstitit. In huius vitae tenebras
ille (scil. Christus) his duobus lucis aliquod immisit, quod et
futurorum spem confirmavit et veritatis legisque no-
titiam tradidit (a. a. O. S. 42). Auch so wäre Gregor um kein
Haar über Pelagius hinausgekommen.

---

[1]) Guilelmus Herrmann, Gregorii Nysseni sententiae de salute adipiscenda.
Halis 1875.

Zuzugeben ist allerdings, dass der Nyssener die ungeschwächte Willensfreiheit in ausgedehntestem Masse betont. Sie erscheint zunächst als völlige Indifferenz des Willens, als Wahlfreiheit. Wie Gregor im allgemeinen einem fatalistischen Astrologen gegenüber feststellt, dass die μοῖρα καὶ εἱμαρμένη des Menschen in seinem Willen liege, der das ihm gut dünkende frei und unbehindert wählen dürfe [1]), so will er auch auf ethischem Gebiete die formale Freiheit unbeschränkt gewahrt wissen. Gott hat den Menschen nach dem Sündenfalle mit dem δερμάτινος χιτών, mit der Sinnlichkeit ausgestattet, damit er Gelegenheit habe, sich nach beiden Richtungen hinzukehren, zur Tugend, oder zur Schlechtigkeit, je nachdem er will [2]). Das menschliche Leben liegt somit auf der Grenzscheide zwischen Gut und Böse [3]).

Diese Freiheit des Willens fordert Gregor als notwendige Grundlage der Tugend. Solchen, die meinen, Gott solle doch die Widerspenstigen mit Gewaltmassregeln zur Annahme seiner Lehre zwingen, hält er entgegen: „Wo bleibt nun aber da der freie Wille? Wo die Tugend? Wo die Anerkennung rechtschaffenen Strebens? Bleibt der freie Wille unwirksam, dann ists notwendigerweise mit der Tugend vorbei. Ohne Tugend aber hat das ganze Leben keinen Wert mehr" [4]).

Thatsächlich ist es nun auch für den Menschen ein leichtes, seinem Willen die Richtung auf das Gute zu geben [5]). Jeder Sünde kann man entfliehen (πᾶν πτῶμα φευκτόν). Nicht durch Zufall, oder durch eine unmotivierte Auswahl von seiten Gottes steigt der Mensch zur Höhe des göttlichen Lebens auf, sondern durch eigene Kraft [6]). Infolgedessen erwächst ihm auch die

---

1) contra fatum II. 1696.

2) de mort. III. 524 d. — de vit. Mos. I. 301 d. ἀμφοτέροις ἐπίσης κατ' ἐξουσίαν ἡ πρὸς ἀρετήν καὶ κακίαν αἵρεσις πρόκειται. — in cant. cant. hom. 4. I. 833 a. u. ö.

3) de beat. I. 1293 d.

4) or cat. II, 77 c.

5) de profess. Christ. III. 248 c — d. εἰ οὖν ἐν μόνῃ τῆς διανοίας ὁρμῇ κατορθοῦσθαι πέφυκεν ἡ τοῦ κακοῦ ἀλλοτρίωσις, οὐδὲν ἐπίπονον ἡμῖν ὁ εὐαγγελικὸς ἐγκελεύεται λόγος. Οὐδὲ γὰρ συνέζευκται κόπος τῇ τῆς διανοίας ὁρμῇ, ἀλλ' ἔξεστιν ἡμῖν ἀπραγματεύτως, ὅπουπερ ἂν θέλοιμεν. δι' ἐνθυμήσεων παραγίνεσθαι, ὥστε τὴν οὐράνιον διαγωγὴν ῥᾴδιον εἶναι τῷ βουλομένῳ.

6) in cant. cant. hom. 6. I. 897 b.

Pflicht, von seinem freien Willen in dieser Weise Gebrauch zu machen. Dem Gebete ($\pi\varrho o\sigma\varepsilon v\chi\acute{\eta}$) hat das Gelöbnis ($\varepsilon\dot{v}\chi\acute{\eta}$) und dessen Erfüllung vorauszugehen. Ehe man Gott mit Vaternamen anruft, muss eine Reinigung vom Bösen erfolgt sein. So lautet in der zweiten Rede über das Gebet des Herrn jene Regel in einer speziellen Anwendung.

Ja, so sehr ist der Nyssener von der Fähigkeit des Menschen zum Guten überzeugt, dass er unwillkürlich die ursprünglich behauptete Indifferenz des Willens beiseite schiebt und zur Annahme eines wirklich guten Grundwillens im Menschen fortschreitet. Nicht blos Neigung zum Bösen, sondern auch zum Guten ist dem Menschen eigen. Mit ihm verwachsen ist der Trieb zur Schönheit und Güte [1]). Das Gute in ihm ist durch das Böse nur verhüllt. Letzteres braucht blos weggespült zu werden, um jenes hervorleuchten zu lassen [2]).

Dass unter diesen Umständen für die Gnade kaum noch Raum vorhanden bleibt, ist selbstverständlich. Eine eigentliche Wirkung auf den Willen ist überflüssig. Das einzige, was ihr übrig bleibt, ist die Beeinflussung des Intellekts durch geeignete Belehrung über den Lohn und über die Art des tugendhaften Lebens. Durch zweierlei wird daher Jesus Christus zum Wohlthäter an der Natur, sowohl dadurch, dass er das Gute verheisst, als dadurch, dass er uns über den Weg belehrt, der zu diesem vorgehaltenen Ziele führt [3]). Denn einmal muss uns die Angst vor der Strafe vom Bösen abhalten. Wer von der Hölle gehört hat, der wird sich von den sündigen Lüsten nicht mehr mit Mühe und Anstrengung trennen, sondern die in seinen Gedanken rege gewordene Furcht allein schon wird genügen, die Leidenschaften zu verbannen [4]). Andrerseits aber soll uns die verheissene

---

1) de perfect. III. 248b. — de instit. Christ. III. 288a.

2) de beat. I. 1272a. $\dot{\eta}$ $\varkappa a\varkappa\acute{\iota}a$ $\tau\tilde{\omega}$ $\vartheta\varepsilon o\varepsilon\iota\delta\varepsilon\tilde{\iota}$ $\chi a\varrho a\varkappa\tau\tilde{\eta}\varrho\iota$ $\pi\varepsilon\varrho\iota\chi\upsilon\vartheta\varepsilon\tilde{\iota}\sigma a$ $\check{a}\chi\varrho\eta\sigma\tau o\nu$ $\dot{\varepsilon}\pi o\acute{\iota}\eta\sigma\acute{\varepsilon}$ $\sigma o\iota$ $\tau\grave{o}$ $\dot{a}\gamma a\vartheta\grave{o}\nu$, $\dot{\upsilon}\pi o\varkappa\varepsilon\varkappa\varrho\upsilon\mu\mu\acute{\varepsilon}\nu o\nu$ $\tau o\tilde{\iota}\varsigma$ $a\dot{\iota}\sigma\chi\varrho o\tilde{\iota}\varsigma$ $\pi\varrho o\varkappa a\lambda\acute{\upsilon}\mu\mu a\sigma\iota\nu$. $\varepsilon\dot{\iota}$ $o\dot{\upsilon}\nu$ $\dot{a}\pi o\varkappa\lambda\acute{\upsilon}\sigma a\iota a\varsigma$ $\pi\acute{a}\lambda\iota\nu$ $\delta\iota'$ $\dot{\varepsilon}\pi\iota\mu\varepsilon\lambda\varepsilon\acute{\iota}a\varsigma$ $\beta\acute{\iota}o\upsilon$ $\tau\grave{o}\nu$ $\dot{\varepsilon}\pi\iota\pi\lambda a\sigma\vartheta\acute{\varepsilon}\nu\tau a$ $\tau\tilde{\eta}$ $\varkappa a\varrho\delta\acute{\iota}a$ $\sigma o\upsilon$ $\dot{\varrho}\acute{\upsilon}\pi o\nu$, $\dot{a}\nu a\lambda\acute{a}\mu\psi\varepsilon\iota$ $\sigma o\iota$ $\tau\grave{o}$ $\vartheta\varepsilon o\varepsilon\iota\delta\grave{\varepsilon}\varsigma$ $\varkappa\acute{a}\lambda\lambda o\varsigma$. — de virg. III. 372d.

3) de beat. I. 1276b—c.

4) ibid. I. 1276c. — de vit. Mos. I. 416a—b. $\varkappa a\grave{\iota}$ $\gamma\grave{a}\varrho$ $\varkappa a\grave{\iota}$ $\dot{\varepsilon}\nu$ $\tau o\tilde{\iota}\varsigma$ $\pi\iota\sigma\tau o\tilde{\iota}\varsigma$ $\dot{\varepsilon}\nu\varepsilon\varrho\gamma\varepsilon\tilde{\iota}\tau a\iota$ $\pi o\lambda\lambda\acute{a}\varkappa\iota\varsigma$ $\tau\tilde{\eta}\varsigma$ $\dot{\varepsilon}\pi\iota\vartheta\upsilon\mu\acute{\iota}a\varsigma$ $\tau\grave{a}$ $\delta\acute{\eta}\gamma\mu a\tau a$· $\dot{a}\lambda\lambda'$ $\dot{o}$ $\pi\varrho\grave{o}\varsigma$ $\tau\grave{o}\nu$ $\dot{\varepsilon}\pi\grave{\iota}$ $\xi\acute{\upsilon}\lambda o\upsilon$ $\dot{\upsilon}\psi\omega\vartheta\acute{\varepsilon}\nu\tau a$ $\beta\lambda\acute{\varepsilon}\pi\omega\nu$ $\dot{a}\pi\omega\vartheta\varepsilon\tilde{\iota}\tau a\iota$ $\tau\grave{o}$ $\pi\acute{a}\vartheta o\varsigma$, $o\dot{\iota}\acute{o}\nu$ $\tau\iota\nu\iota$ $\varphi a\varrho\mu\acute{a}\varkappa\omega$ $\tau\tilde{\omega}$ $\tau\tilde{\eta}\varsigma$ $\dot{\varepsilon}\nu\tau o\lambda\tilde{\eta}\varsigma$ $\varphi\acute{o}\beta\omega$ $\tau\grave{o}\nu$ $\dot{\iota}\grave{o}\nu$ $\delta\iota a\chi\acute{\varepsilon}a\varsigma$.

Seligkeit ein Antrieb zum Guten werden. „Beherzigen wir also, Brüder, das Wort des Herrn, welches uns über die Zukunft in wenigen Worten so reich belehrt", ruft Gregor am Schlusse seiner fünften Rede über die Seligpreisungen den Zuhörern zu, „und werden wir barmherzig, auf dass wir dadurch selig werden in Christo Jesu, unserm Herrn."

Indessen betont er diese Seite des Einflusses der göttlichen Offenbarung auf das sittliche Leben weniger, als die andere, nach welcher sie den Menschen über die rechte Weise eines vollkommenen Wandels unterrichtet. Nach seiner Anschauung, nach der der Wille vorzüglich intellektuell bestimmbar ist, musste ja auch diese Wirksamkeit der Gnade für ihn von ganz besonderer Bedeutung sein. Zugleich zeigt sich gerade in diesem Punkte, wie sehr er von den Griechen beeinflusst wurde, die sich von der sokratischen Identifizierung der Tugend mit dem Wissen niemals losmachen konnten. So erscheint dem Gregor das Evangelium vor allem als vollkommenes Gesetz. Der alttestamentliche Dekalog ist das Aussenwerk des Evangeliums. Dieses streift nur alles Somatische von jenem ab. Es ist nach dem Ausspruche des Paulus ὁ νόμος πνευματικός[1]). Freilich entgeht dem Gregor auch hier, dass der angezogene Ausdruck des Apostels (Rom. 7, 14) ursprünglich rein ethische Bestimmtheit hat.

Christus aber ist der Gesetzgeber[2]). Durch seine neuen Gebote heilt er das Verderben der Menschheit: „Auf welche Weise man aber rein werden könne, darüber belehrt dich beinahe das ganze Evangelium. Denn wenn du die folgenden Aussprüche überliest, so wirst du das Reinigungsmittel des Herzens deutlich erkennen. Indem der Herr nämlich das Böse zwiefach teilt, in solches, was durch Werke, und solches, was in Gedanken entsteht, züchtigt er ersteres, nämlich die Missethat, welche sich in den Werken zu erkennen giebt, durch das alte Gesetz, lässt aber nun das Gesetz sich auf die andere Art von Sünde beziehen und straft nicht die böse That, sondern trifft Fürsorge, dass überhaupt gar nichts Böses geschehe." Nachdem Gregor diese Gedanken im Anschluss an die Bergpredigt durch mehrere Beispiele erläutert hat, schliesst er diese Erörterung mit den Worten: „Er heilt

---

[1]) in cant. cant. hom. 5, I. 877 b — d.
[2]) de pauperib. amand. III. 488 c. ὁ τῆς ζωῆς νομοθέτης.

(*θεραπεύει*) die Furchtsamkeit, indem er gebietet (*ἐγκελευ-σάμενος*), den Tod zu verachten, und so wirst du überhaupt finden, dass das scharf wie ein Pflug einschneidende Gotteswort durch jede seiner Vorschriften, durch welche wir von der Dornenfrucht gereinigt werden können, die bösen Wurzeln der Sünden aus der Tiefe unsres Herzens ausgräbt" [1]).

Mehr Erfolg, als von der rein theoretischen Belehrung verspricht sich der Nyssener allerdings vom anschaulichen Unterrichte im Guten, vom Vorbilde [2]). Er empfiehlt deshalb den jungen Leuten, welche sich dem Leben der Virginität widmen wollen, sich die Art und Weise ihres Wandels nicht selbst vorzuschreiben, sondern sich frommen Männern zuzugesellen, deren Beispiel versittlichend wirkt [3]). Das hervorragendste Vorbild aber, das Gottes Gnade den Menschen zur Nachfolge gegeben hat, ist Jesus Christus. Ihm nachzustreben, das ist die Aufgabe, die der Christ vermöge seiner sittlichen Kraft leisten kann und soll. Die, welche nach Christus genannt werden, sollten zuerst der Forderung nachkommen, die in dem Namen des Christen inbegriffen ist und sich dann erst diese Benennung beilegen [4]). Dreierlei aber charakterisiert das Leben eines Christen, That, Wort und Gesinnung. So geziemt sichs für uns, dass wir allenthalben mit Hand, Mund und Herz genau den göttlichen Sinn zu unserm Vorbilde machen, der das eigentümliche im Leben des Herrn Jesu gebildet hat, damit weder unsre That, noch unser Wort, noch unsre Gesinnung dieses hohen Namens unwürdig werde [5]). Christus hat nun in seinem Leben durch sein eigenes Beispiel ein lebendiges Gebot der Geduld gegeben [6]). Ein gleiches aber gilt auch von der Demut und allen andern Tugenden, ja selbst der Kreuzestod Jesu wird vielmehr unter dem Gesichtspunkte des Vorbildes gefasst, als unter dem einer erlösenden und versöhnenden Gottesthat. Die

---

1) de beat. I. 1273 c — 1276 b.
2) de virg. III. 405 b. *ἐνεργεστέρα δὲ τῆς ἐκ τῶν λόγων διδαχῆς ἡ διὰ τῶν ἔργων ἐστὶν ἐφήγησις.*
3) ibid. III. 409 c.
4) de perfect. III. 256 b. *οὐκοῦν τοῖς ἀπὸ τοῦ Χριστοῦ ἑαυτοὺς ὀνομά-ζοντας πρῶτον γενέσθαι χρὴ ὅπερ τὸ ὄνομα βούλεται, εἶθ᾽ οὕτως ἑαυτοῖς ἐφαρμόσαι τὴν κλῆσιν.*
5) ibid. III. 284 a.
6) ibid. III. 272 d. *ὁ τῷ σῷ βίῳ δι᾽ ἑαυτοῦ νομοθετῶν τὸ μακρόθυμον.*

Hauptsache bei diesem Mysterium des Glaubens ist der Blick auf das Leiden dessen, der uns zu gute sein Leiden auf sich genommen hat. Sein Leiden aber war das Kreuz, und der, welcher darauf hinblickt, leidet von dem Bisse der bösen Lust keinen Schaden. Aufs Kreuz blicken aber heisst nichts anderes, als an seinem eigenen Leben der Welt absterben und sich selbst kreuzigen, so dass man zu keiner Sünde mehr verführbar ist und, wie der Prophet sagt, durch die Gottesfurcht sein eigenes Fleisch annagelt [1]).

Demnach scheint Gregor in seiner Lehre vom freien Willen und der Gnade in keiner Weise über den antiken Moralismus, beziehungsweise über Pelagius hinausgekommen zu sein, und Herrmanns Aufstellungen würden in der That zu recht bestehen, wenn nicht ausser der eben dargelegten Gedankenreihe noch eine zweite bei dem Nyssener zu finden wäre, mit der er sich der biblisch-christlichen Anschauung von der sittlichen Freiheit und Gebundenheit einigermassen nähert.

Zunächst stehen den oben angeführten Stellen, in welchen Gregor eine ungebrochene Freiheit des Willens lehrt, andere gegenüber, in denen er unleugbar eine Schwächung der sittlichen Kraft im Menschen nach dem Sündenfalle annimmt. Er bekennt sich zu dem allgemeinen Satze, dass eingestandenermassen bei allem, was geschieht, der Anfang die weitere Ursache zu dem ist, was im natürlichen Zusammenhange später eintritt, so dass die Gesundheit das Wohlbefinden, die Thätigkeit, die Fröhlichkeit im Leben, dagegen die Krankheit Schwäche, Unthätigkeit und Missmut im Gefolge hat. Und wenn er auch im folgenden diese Wahrnehmung nur auf den Satan anwendet und von dessen Fall sagt: „Wie die Freiheit von den Leidenschaften den Anfang und die Grundlage zum tugendhaften Leben bildet, so war mit der durch den Neid entstandenen Hinneigung zur Schlechtigkeit (πρὸς κακίαν ῥοπῇ) der Weg zu allen nachher hervortretenden Übeln gebahnt" [2]), so wird doch durch den allgemein gültigen Vordersatz, sowie durch die ebenfalls sehr allgemein gehaltene Fassung des Nachsatzes genugsam angedeutet, dass dieselbe Wahrheit auch auf die Willenskraft des Menschen anzuwenden ist. Aber Gregor

---

1) de vit. Mos. I. 413 c — d.
2) or. cat. II. 28 d — 29 a.

giebt auch ausdrücklich zu, dass der menschliche Wille durch die Sünde eine Depravation erleide: εἰ δέ τινα ἐκτροπὴν πάθοι (ἡ φύσις) διὰ μοχθηρᾶς προαιρέσεως, τότε αὐτῇ τῶν ἀλλοτρίων ἡ ἐπιθυμία ἐγγίνεται. Diese Behauptung einer habituellen Neigung zum Fremdartigen oder Bösen, die im Menschen durch die Übertretung hervorgerufen wird, erleidet gewiss keinen Eintrag, auch wenn Gregor von Nyssa hinzufügt: ὧν ἡ ἀπόλαυσις ἡδύνει οὐχὶ τὴν φύσιν, ἀλλὰ τὸ πάθος τῆς φύσεως [1]). Dass aber diese Infizierung durch die Sünde die menschliche Natur thatsächlich hindert, sich von selbst dem Guten wieder zuzuwenden, spricht er unverhohlen aus: „Einmal durch das Böse entnervt, ist der Mensch zu schwach zum Guten“ [2]).

Unter diesen Umständen würde es kaum zu verstehen sein, wenn unser Kirchenvater für die göttliche Gnade nur die Beseitigung der physischen Übel in Anspruch nehmen würde, wie Herrmann will, wenn er als Schlussresultat seiner Untersuchung über die Lehre von der Heilsaneignung bei Gregor von Nyssa den Satz aufstellt: Opere Christi salutari secundum hanc doctrinam non subiectivum hominis damnum reparatur, sed salutis physicae impedimenta obiectiva tolluntur (a. a. O. S. 48). Es finden sich indessen in den Schriften des Nysseners genug Anhaltepunkte, welche die Einseitigkeit der Herrmannschen These hinreichend erweisen. Wenn unser Kappadozier die Christen als οἱ δι᾽ αὐτοῦ (sc. Χριστοῦ) γεννηθέντες bezeichnet [3]), so ist hier eine göttliche Gnadengabe im Sinne einer inneren Umwandelung des Menschen wenigstens nicht ausgeschlossen, so dass dann die beifolgende

---

[1]) de mort. III. 525 c.
[2]) de or. dom I. 1164 c — d. διὰ τί δὲ παρὰ τοῦ θεοῦ γενέσθαι τὴν ἀγαθὴν ἡμῖν προαίρεσιν ἐπευχόμεθα; ὅτι ἀσθενὴς ἡ ἀνθρωπίνη φύσις πρὸς τὸ ἀγαθόν ἐστιν, ἅπαξ διὰ κακίας ἐκνευρισθεῖσα· οὐ γὰρ μετὰ τῆς αὐτῆς εὐκολίας πρός τε τὸ κακὸν ὁ ἄνθρωπος ἔρχεται καὶ ἀπὸ τούτου πάλιν ἐπὶ τὸ ἀγαθὸν ἐπανέρχεται.
[3]) de profess. Christ. III. 245 c. γίνεσθε τέλειοι, ὡς καὶ ὁ πατὴρ ὑμῶν ὁ οὐράνιος τέλειός ἐστιν. ὁ γὰρ πατέρα τῶν πεπιστευκότων τὸν ἀληθινὸν ὀνομάσας πατέρα, βούλεται πρὸς τὴν ἐν ἐκείνῳ θεωρουμένην τῶν ἀγαθῶν τελειότητα καὶ τοὺς δι᾽ αὐτοῦ γεννηθέντας ὁμοίως ἔχειν. ἐρεῖς οὖν μοι καὶ πῶς ἂν γένοιτο ἀνθρωπίνην ταπεινότητα πρὸς τὴν ἐν θεῷ καθορωμένην μακαριότητα ἐπεκτείνεσθαι; ... ἀλλὰ σαφὴς ὁ περὶ τούτου λόγος ὅτι οὐ τῇ φύσει τῇ θείᾳ τὴν φύσιν τὴν ἀνθρωπίνην συγκρίνεσθαι κελεύει τὸ εὐαγγέλιον, ἀλλὰ τὰς ἀγαθὰς ἐνεργείας, καθὼς ἂν ᾖ δυνατόν, μιμεῖσθαι τῷ βίῳ.

Forderung, vollkommen zu werden, wie der Vater im Himmel
vollkommen ist, als erfüllbar erscheinen muss. Herrmann dürfte
daher diese ganze Stelle nur mit Unrecht als einen Beweis für
seine Behauptung anführen: de hominis liberae virtutis vi ad
salutem impetrandam Gregorius ita docet, ut si alterum illud
salutis praesidium (sc. opus Christi) cum hoc arctissime coniunctum
haud respexeris, facile existimare possis, omnem fidei Christianae
memoriam ex eius animo esse sublatam (a. a. O. S. 5). Thatsächlich wird eben hier die hohe Aufgabe des Christen durch
die vorhergehende Gabe Christi motiviert. Diese Gnade Christi
wird aber sonst noch deutlicher und eingehender gewürdigt, und
zwar keineswegs nur in dem von Herrmann angenommenen
physischen, sondern in religiös-sittlichem Sinne. So lässt Gregor
in seiner zweiten Homilie über das Hohelied die menschliche
Seele sprechen: *Μὴ θαυμάσητε, ὅτι μὲ εὐθύτης ἠγάπησεν, ἀλλ᾽*
ὅτι μέλαιναν οὖσαν ἐξ ἁμαρτίας καὶ προσῳκειωμένην τῷ ζόφῳ διὰ
τῶν ἔργων, καλὴν διὰ τῆς ἀγάπης ἐποίησεν. τὸ ἴδιον κάλλος πρὸς
τὸ ἐμὸν αἶσχος ἀνταλλαξάμενος. Μεταθεὶς γὰρ πρὸς ἑαυτὸν τὸν
τῶν ἐμῶν ἁμαρτιῶν ῥύπον, μετέδωκέ μοι τῆς ἑαυτοῦ καθαρότητος,
κοινωνόν με τοῦ ἑαυτοῦ κάλλους ἀπεργασάμενος[1]. Hier ist von
einer blos physisch wirkenden Gnade keine Rede, was obendrein
noch dadurch erhärtet wird, dass im folgenden Worte des
Apostels Paulus als Beleg herangezogen werden, die über die
ethische Bedeutung der hier erwähnten Gnade Christi keinen
Zweifel lassen[2]. Nicht minder deutlich wird die Notwendigkeit
der Erlösungsthat Jesu Christi ausgesprochen, wenn es heisst,
dass eine Reinigung der menschlichen Natur einzig und allein
durch das Blut des Lammes möglich sei[3].

Ebensowenig wie unser Kirchenvater eine Gnadenwirkung
Christi auf sittlichem Gebiete in Abrede stellt, ebensowenig ist
ihm die erneuernde Thätigkeit des heiligen Geistes in diesem
Leben etwas fremdes. Hier sieht sich selbst Herrmann gezwungen,
seinen ursprünglich aufgestellten Satz: gratia spiritus sancti futura

---

1) in cant. cant. hom. 2. I. 789b — c.
2) ibid. I. 792a — b. Zitiert werden Rom. 5, 8 und 1. Tim. 1, 13 f.
3) ibid. hom. 8. I. 910b. οὐκ ἔστιν ἄλλως καθαρθῆναι τοῦ μώμου τὴν
ἀνθρωπίνην φύσιν, μὴ τοῦ ἀμνοῦ τοῦ αἴροντος τὴν ἁμαρτίαν τοῦ κόσμου
πᾶσαν δι᾽ ἑαυτῆς τὴν κακίαν ἐξαφανίσαντος. — de beat. I. 1197 c. — de or.
dom. I. 1161 d.

distribuit, gratia accipienda dignos homines se ipsi reddunt (a. a.
O. S. 47) wesentlich zu modifizieren. Die Wahrnehmung, dass
Gregor in seiner Schrift de scopo christ. (III. 288—305) eine
Thätigkeit des heiligen Geistes lehrt, durch welche die menschliche Tugend eine Ergänzung erfährt, und das Böse, welches der
Mensch allein nicht entfernen kann, von jenem beseitigt wird,
veranlasst Herrmann zu dem Zugeständnisse: Gregorium hoc loco
id dei auxilium praedicare, quo ipsum officium illud morale, quod
homini soli impositum erat, suscipi videatur. Dennoch, meint er,
sei die Notwendigkeit, vermöge welcher der Mensch selbst sein
Heil schaffen müsse, nicht durchbrochen (a. a. O. S. 47 f.). Nun
ist es zwar richtig, dass sich in jener Schrift Stellen finden,
welche die oben dargelegte Lehre von einer unbedingten Freiheit
des Menschen zum Guten zur Voraussetzung haben[1]). Wenn aber
unser Kirchenvater andrerseits feststellt, dass die menschliche
Natur zu schwach sei, um im Kampfe mit den Versuchungen ob-
zusiegen[2]), wenn er weiterhin betont, dass es unmöglich sei, ohne
den Beistand des heiligen Geistes die Sünde auszutilgen[3]), wenn
endlich der Mensch nur dann als eine neue Kreatur (2. Cor. 5, 17)
bezeichnet werden kann, sobald er eine Wohnstätte des heiligen
Geistes ist[4]), so weiss man kaum, wie die sittliche Gebundenheit
des natürlichen Willens und die Notwendigkeit der göttlichen
Gnade deutlicher ausgedrückt werden soll. Auch wenn wir es
einstweilen noch dahingestellt sein lassen, ob die göttliche Gnade,
oder die menschliche Thatkraft in dem Prozesse der Versittlichung
den primären Faktor bildet, jedenfalls ist soviel sicher, dass Gregor

---

1) de instit. christ. III. 289 b. τὴν μὲν ἀΐδιον ζωὴν καὶ τὴν ἄρρητον ἐν
οὐρανοῖς εὐφροσύνην ἡ τοῦ Πνεύματος δίδωσι χάρις· τὴν δὲ ἀξίαν τοῦ δέξασθαι
τὰ δῶρα καὶ ἀπολαῦσαι τῆς χάριτος, ὁ διὰ τῆς πίστεως παρὰ τοὺς πόνους
ἔρως ἔχει.

2) ibid. 296 c. ἐλάττων δὲ καθ' ἑαυτὴν ἡ ἀνθρωπίνη φύσις τῆς κατ'
ἐκείνου (sc. πειρατοῦ) νίκης.

3) ibid. 293 a — b. οὕτω δέ ἐστι πονηρὰ καὶ δυσίατα τὰ ταῖς ψυχαῖς
ἐγκεκρυμμένα κακά, ὥστε μὴ δυνατὸν εἶναι διὰ μόνης τῆς ἀνθρωπίνης σπουδῆς
καὶ ἀρετῆς ἐκτρῖψαι καὶ ἀνελεῖν, εἰ μή τις τὴν τοῦ Πνεύματος δύναμιν σύμ-
μαχον προσλάβῃ.

4) ibid. 296 c. καινὴν δὲ κτίσιν ἐκάλεσε τὴν ἐν καθαρᾷ καὶ ἀμώμῳ,
καρδίᾳ καὶ πάσης ἀπηλλαγμένῃ κακίας καὶ πονηρίας καὶ αἰσχύνης ἐνοίκησιν
τοῦ ἁγίου Πνεύματος.

hier eine Nötigung, nach welcher der Mensch ganz allein sich zur Vollkommenheit aufzuschwingen habe, nicht anerkennt.

Aber wie denkt sich nun der Nyssener das Zusammenwirken der Gnade und der menschlichen Freiheit? Er stellt zunächst, ohne der Lösung dieser Frage irgendwie näher zu treten, beide Faktoren einfach nebeneinander. So sagt er von der παρθενία, sie werde von allen, die das Gute in der Reinheit finden, hochgehalten, werde aber nur denen zu teil, welchen die Gnade Gottes in diesem guten Streben gütig beisteht[1]). Wir sollen dem Hafen der Seligkeit zueilen, indem wir mit Hilfe des heiligen Geistes unsre Fahrt durchs Leben vollführen. Es soll uns aber auch die thätige Ausübung der göttlichen Gebote und das Steuerruder der Liebe nicht fehlen[2]). Schattig und taufeucht wird das Leben durch das schattige Dach der Tugend und durch die Wolke des heiligen Geistes[3]). Der heilige Geist, der über die ausgegossen wird, welche die Gnade annehmen, bleibt bei diesen, indem er ihnen beisteht und beiwohnt, und schafft in einem jeden das Gute zum Eifer in guten Werken des Glaubens[4]).

Auch das, was Gregor von Nyssa über die παλιγγενεσία, die bei ihm stets mit der Taufe zusammenfällt, vorbringt, lässt uns erkennen, wie wenig er auf eine Lösung des Problems bedacht war, das später seit Augustin im Vordergrunde des Interesses stand. Denn einmal wird uns gesagt, dass die Taufe die Grundlage unsres ganzen Christenstandes bilde, sie erscheint als ein Gnadenmittel, durch welches der Mensch gerechtfertigt und erneuert wird[5]). Dann aber muss sie dieses Vorrecht wieder mit der Willensfreiheit teilen. Denn im Wasserbade der Taufe verbindet sich der heilige Geist auf mysteriöse Weise mit unsrer

---

1) de virg. III. 320 c. οἷς ἂν ἡ τοῦ θεοῦ χάρις εὐμενῶς πρὸς τὴν ἀγαθὴν ταύτην ἐπιθυμίαν συναγωνίσηται.

2) de pauper. amand. III. 498a.

3) in cant. cant. hom. 2. I. 793d—796a. σκιερὸς γίνεται ἡμῖν καὶ δροσώδης ὁ βίος διὰ τῶν τῆς ἀρετῆς σκιαδίων κατασκεννυμένου τοῦ καύσωνος. οὗτος οὖν ἐστιν ὁ παραβλάπτων ἥλιος, ὅταν μὴ διατειχίζηται ὁ παρ' αὐτοῦ φλογμὸς τῇ νεφέλῃ τοῦ Πνεύματος, ἣν διεπέτασεν αὐτοῖς ὁ κύριος εἰς σκέπην αὐτοῖς.

4) de instit. christ. III. 289a.

5) in bapt. christ. III. 580d. βάπτισμα τοίνυν ἐστὶν ἁμαρτιῶν κάθαρσις, ἄφεσις πλημμελημάτων, ἀνακαινισμοῦ καὶ ἀναγεννήσεως αἰτία.

Freiheit[1]). Die Taufe bewirkt vermittelst des durch das Wasser
ausgedrückten Sinnbildes des Todes die Vernichtung des Bösen,
welches der menschlichen Natur beigemischt ist, freilich keine
völlige Vernichtung, aber doch ein gewisses Zerreissen des Zu-
sammenhanges mit ihm. Denn hier vereinigen sich zwei Dinge
zur Vernichtung des Bösen, einmal die Reue des Sünders, und
dann die Nachahmung des Todes, durch welche der Mensch von
seinem Zusammenhange mit dem Bösen in gewisser Beziehung
erlöst wird, indem er durch die Reue zu Hass und Entfernung
des Bösen schreitet und durch den Tod seine Vernichtung ins
Werk setzt[2]). Das einzige bestimmte, was wir aus diesen Worten
erfahren, ist dies, dass in der Taufe ein Objektives ($\dot{\eta}$ τῆς νεκρώ-
σεως εἰκών) und ein Subjektives ($\dot{\eta}$ τοῦ πλημμελήσαντος μεταμέλεια)
sich verbinden und die Reinigung des Täuflings bewirken. Im
übrigen verrät das höchst Unbestimmte des Ausdrucks genugsam,
dass Gregor eine befriedigende Erklärung von diesem Synergismus
nicht zu geben vermag, ja wohl nicht einmal zu geben versucht.
Deswegen nimmt er auch weiterhin gar keinen Anstand, zu behaupten, dass die Wiedergeburt eine That des liberum arbitrium
sei[3]), ohne sich des Widerspruchs mit seinen sonstigen Aufstellungen bewusst zu werden.

Indessen fehlt es doch nicht gänzlich an Versuchen, das Verhältnis zwischen der Gnade und dem freien Willen näher zu bestimmen. An solchen Stellen wird dann vorzugsweise der menschlichen Freiheit die erste Stelle zuerkannt, wie es nach der Ge-
samtanschauung des Nysseners vom Bösen und von der menschlichen Natur kaum anders zu erwarten ist. So sagt Gregor, dass
Gott auf unsre sittliche Thätigkeit mit seinem Erbarmen antworte[4]).
Hier wird dem Willen des Menschen der Anfang des moralischen
Handelns zugeschrieben. Aber solche Worte beweisen allerdings
nichts für einen Synergismus auf rein ethischem Gebiete. Denn

---

1) ibid. 581 a.

2) or. cat. II. 89 b.

3) ibid. II. 97 d. ὁ δὲ πνευματικὸς τόκος τῆς ἐξουσίας ἤρτηται τοῦ
τικτομένου.

4) de beat. 1. 1260 b. εἰ τοίνυν τις ἑαυτὸν ἐπιγνοίη, οἷός τε πρότερον
ἦν, καὶ οἷος ἐπὶ τοῦ παρόντος ἐστίν ... οὐδέποτε ἐλεῶν ἑαυτὸν ὁ τοιοῦτος παύ-
σεται, ἡ δὲ τοιαύτη τῆς ψυχῆς διαθέσει καὶ ὁ θεῖος ἔλεος κατὰ τὸ εἰκὸς
ἀκολουθήσει.

wir können aus dem Zusammenhange nicht erkennen, ob das Geschenk der göttlichen Barmherzigkeit hier physischer oder ethischer Art ist, ob wir die zukünftigen Güter des ewigen Lebens, oder versittlichende Kräfte darunter zu verstehen haben. Aber ausschliesslich die letzteren hat unser Kirchenvater im Auge, wenn er den nach Vollkommenheit strebenden Menschen ermahnt: *Δεῖ οὖν τὸν σοφὸν γεωργὸν, καθάπερ ἐκ πηγῆς ποτίμου καὶ ἀγαθῆς, καθαρὰ παραπέμπειν τοῦ βίου τὰ νάματα, μόνα τὰ τοῦ θεοῦ γεώργια εἰδότα, καὶ τούτοις πονοῦντα διὰ βίου καὶ παραμένοντα, ὅπως κἂν ὑπογύηιαί τις ξένος λογισμὸς ἐν τῷ κρυφίῳ τῆς ἀρετῆς, τοὺς σοὺς ἰδὼν πόνοις ὁ πάντα ὁρῶν ταχέως τῇ ἑαυτοῦ δυνάμει τὴν ὕπουλον ῥίζαν τῶν λογισμῶν πρὸ τῆς βλάστης ἐκτεμεῖν*[1]). Hier wird deutlich gelehrt, dass die menschliche Freiheit das erste, die göttliche Gnade aber das zweite ist, dass letzterer lediglich die Bedeutung einer unterstützenden Kraft zukommt. Dasselbe will Gregor durch die allegorische Deutung der Sendung Aarons zu seinem Bruder Moses sagen. Wer sich bereits, wie Moses, durch sorgfältiges tugendhaftes Streben und durch einen himmlischen lichtvollen Wandel zu einem höheren tugendhaften Leben aufgeschwungen hat, der erlebt dann ein freundschaftliches und friedliches Zusammentreffen mit dem ihm von Gott entgegengesandten Bruder. Dieser ist als ein der Geisterwelt angehöriger Engel aufzufassen, der vom Anfang an zum Dienste des Menschen bestimmt ist, aber erst dann in seine schützende und unterstützende Thätigkeit eintritt, wenn dieser eine gewisse höhere Stufe des sittlichen Lebens aus eigener Kraft erreicht hat[2]).

---

1) de instit. Christ. III. 293 c — d. — vgl. auch cant. cant. hom. 8. I. 945 d — 948 a.

2) de vit. Mos. I. 337 c — 340 b. — Dieselbe Bedeutung haben die geschaffenen Geistwesen für den sittlichen Kampf im Menschen auch bei Origenes (Harnack, a. a. O. I. S. 631) und schon früher bei Hermas (Mand. VI, 2). Auf letzteren verweist auch Heyns (a. a. O. S. 145), der ausserdem als Parallele die heidnischen Dämonen und Genien heranzieht. Aber dieser Vorstellung fehlt zumeist die sittliche Bestimmtheit, sie hat es vielmehr auf das äussere Lebensschicksal abgesehen. Horat. ep. II, 183—189:

> Cur alter fratrum cessare et ludere et ungui
> Praeferat Herodis palmetis pinguibus, alter
> Dives et importunus ad umbram lucis ab ortu
> Silvestrem flammis et ferro mitiget agrum.
> Scit Genius etc.

Dieser semipelagianischen Auffassung gegenüber ist endlich noch eine Stelle zu erwähnen, wo Gregor von Nyssa die Gnade Gottes fast zu ihrem vollen Rechte kommen lässt, indem er ihr nicht bloss eine unterstützende, sondern nahezu auch eine von Grund aus erneuernde Wirksamkeit zuschreibt. In seiner Homilie über die dritte Bitte giebt er auf die Frage: „Warum bitten wir, dass uns von Gott der gute Wille werde?" folgende Antwort: „Der Mensch ist zu schwach zum Guten." Deshalb braucht man, wenn in uns ein Hang zum Bösen entstanden ist, keines Helfers, weil das Böse sich von selbst vollendet, neigen wir uns hingegen dem Bessern zu, da bedürfen wir Gottes, welcher das Verlangen ins Werk setzt (τοῦ θεοῦ χρεία τοῦ τὴν ἐπιθυμίαν εἰς ἔργον ἄγοντος). Darum sagen wir: Da dein Wille die Besonnenheit ist, ich aber fleischlich gesinnt bin und unter die Sünde verkauft, so möge durch deine Kraft in mir dieser gute Wille zur That werden (τῇ σῇ δυνάμει κατορθωθείη μοι τὸ ἀγαθὸν τοῦτο θέλημα)"[1].

Fassen wir das Ergebnis der bisherigen Darlegung über Gregors Meinungen vom freien Willen und der Gnade zusammen, so haben wir festzustellen, dass der Nyssener keine einheitliche Lösung dieses Problems gefunden hat. Wir können zwei Gedankenreihen unterscheiden. Einmal kann der Kirchenvater die ungebrochene Willensfreiheit des Menschen nicht hoch genug anschlagen und lehrt daher von der Gnade rein pelagianisch. Zum andern aber finden sich in seinen Schriften auch genug Stellen, die eine direkte Einwirkung der Gnade auf den geschwächten Willen selbst fordern, wenn ein sittliches Handeln überhaupt möglich sein soll. Letztere Anschauung mag nicht in demselben Masse zur Geltung kommen, wie die erstere. Jedenfalls darf sie nicht mit Stillschweigen übergangen, oder dadurch als völlig bedeutungslos erklärt werden, dass man mit Herrmann von ihr sagt: Atque equidem nefas esse puto, hanc doctrinam a nobis alienam iis corrigere velle, quae apud omnes patres Graecos tum apud Gregorium perraro de gratia moralia non minus quam physica commutante reperiuntur. Haud enim aequum videtur, patres Graecos iis defendere, quae si revera eorum propria essent, nec potius ex librorum sacrorum consuetudine assumpta, eos magis accusare, quam defendere viderentur (a. a. O. S. 48).

---

[1] de or. dom. I. 1165 a.

Wenn Gregor seine Sätze über die sittliche Gnadenwirkung mit
Worten der heiligen Schrift erhärtet, so ist das für uns noch
lange kein Grund, diese biblischen Wahrheiten nicht als sein
Eigentum zu betrachten. Davon aber, dass derartige Aussagen
in seinen Werken nur „perraro" vorkämen, haben wir uns nicht
überzeugen können. Nur soviel kann behauptet werden, dass in
seinen Meinungen über diesen Punkt keine Einheit herrscht.
Christliche Gnadenlehre und antiker Moralismus gehen nebeneinander her [1]).

Es mag uns allerdings wunderbar vorkommen, dass Gregor
von Nyssa eine so wichtige Materie nur in unzureichendem Masse
behandelt hat. Aber wir müssen dabei in Betracht ziehen, dass
er, obwohl er Christ war, doch die Bildung der hellenischen
Philosophie in sich aufgenommen und für sein System verwertet
hat. Stand er ja nach seinem eigenen Zeugnisse den Griechen
keineswegs durchaus ablehnend gegenüber[2]). Insbesondere zog
ihn der platonische und neuplatonische Idealismus an. Nun fehlt
aber der griechischen Philosophie, auch dem Plato, der schärfere
Begriff der Persönlichkeit[3]). Sie betont einseitig das Denken und
widmet dem Willen zu wenig Aufmerksamkeit. Sie behauptet
lediglich dessen Freiheit, ohne über deren Möglichkeit weitere
Untersuchungen anzustellen. Widersprüche der verschiedensten
Art sind daher die Folge[4]). Es ist unter diesen Umständen sehr
erklärlich, dass auch der Schüler dieser philosophischen Meister
an der vorliegenden Frage achtlos vorüberging.

Zudem lag in den dogmatischen Streitigkeiten seiner Zeit
keine Nötigung, sich näher mit diesem Probleme zu beschäftigen.
Gregors Aufmerksamkeit wurde ganz von den trinitarischen Fragen
in Anspruch genommen. Und als die Kirche von dem Gegensatze des Augustinismus und des Pelagianismus bewegt wurde,
weilte er längst nicht mehr unter den Lebenden. Allerdings aber
musste eine solche, wenn auch erklärbare Vernachlässigung dieses

[1]) Chr. E. Luthardt, Geschichte der christlichen Ethik. I. S. 144.
Ders. Die Lehre vom freien Willen und seinem Verhältnis zur Gnade.
1863. S. 17—20.
[2]) vgl. S. 18 Anm. 2.
[3]) Zeller, a. a. O. II. S. 454.
[4]) Ders. über Plato II. 542 ff., über Plotin V. 524 ff.

wichtigen Stückes in der Lehre und im Leben des Christentumes eine Trübung der christlichen Ethik im Gefolge haben.

Die Ethik Gregors selbst baut auf den dargelegten Prinzipien konsequent weiter. Die einseitige Betonung des Denkens führt zu dem vornehmlich stoischen Gedanken einer doppelten Sittlichkeit, welche bereits bei den apostolischen Vätern vereinzelt bemerkbar [1]), durch die alexandrinische Theologie in der Kirche vollends legitimiert worden war [2]). Wer den Gipfel der Vollkommenheit nicht erreichen kann, soll sich mit dem einfachen Gehorsam begnügen [3]). Auch dieser hat sein relatives Recht und wird von Gott gewürdigt. Aber das eigentliche Ziel der Ethik ist ein höheres: μὴ τῇ ἐντολῇ μόνον τὴν ἀρετὴν μετρεῖσθαι, ἀλλά τι καὶ παρ' ἡμῶν ἐξευρίσκεσθαι διὰ τῶν ἔξωθεν παρεπινοουμένων [4]).

Worin besteht nun diese wahre Moral, diese ὑψηλὴ πολιτεία Gregor kennzeichnet sie als ἐμφιλόσοφος καὶ ἄϋλος τοῦ βίου διαγωγή [5]). Nach ihrer positiven Seite ist die Sittlichkeit also Vergeistigung, nach der negativen Entsinnlichung. Gregor hatte die Begriffe des Geistes und des Guten einander gleichgesetzt, er hatte andrerseits in neuplatonischer Weise der Materie nur eine Scheinexistenz zuerkannt und das Böse aus ihr abgeleitet. Es war somit nicht wohl möglich, eine andere praktische Konsequenz zu ziehen, als die, welche die Lebensaufgabe des Menschen in der Bejahung des Intelligiblen und in der Verneinung des Hylischen oder Somatischen erblickt.

Der ursprüngliche und alles umfassende Geist ist Gott. Es ist daher nur ein anderer Ausdruck für dieselbe Sache, wenn Gregor von Nyssa das ethische Ziel des Christen nach Platos Vorgang als τῆς θείας φύσεως (oder θεοῦ) μίμησις bestimmt [6]), oder wenn er die geschaffenen Geister ins Auge fasst und von einer μίμησις τῆς τῶν ἀγγέλων ζωῆς redet [7]), oder wenn er schliess-

---

[1]) Luthardt, Gesch. der christl. Eth. I. S. 106.
[2]) Harnack, a. a. O. 3. Aufl. I. S. 606.
[3]) de instit. christ. III. 305 a — b.
[4]) de vit. Mos. I. 389 c.
[5]) de vit. Macrin. III. 969 b.
[6]) de instit. christ. III. 244 c u. ö.
[7]) de vit. Macrin. III. 969 c.

lich im Hinblick auf das Geistige im Menschen als oberste moralische Forderung ein *μόνη τῇ ψυχῇ ζῆν* verlangt[1]).

Aber wie haben wir uns dieses Geistesleben in seiner höchsten Form zu denken? Die Erfassung der unsinnlichen Idee auf dem Wege der Dialektik war das Ziel der Philosophie Platos gewesen. Gregor hat diese Bestimmung des philosophischen Ideals von seinem attischen Meister herübergenommen. Die Beschäftigung mit der Geometrie, Astronomie und Arithmetik ist, ganz wie bei Plato, eine Vorstufe auf dem Pfade zur sittlichen Höhe. Nur stellt der Kirchenvater neben und über diese Wissenschaften noch das Schriftstudium[2]). Die letzte Bestimmung des Menschen ist die Erkenntnis Gottes, soweit sie möglich ist: *ζωὴν ψυχῆς τὴν τοῦ θεοῦ μετουσίαν ὁ λόγος εἶναί φησι, γνῶσις δὲ κατὰ τὸ ἐγχωροῦν ἐστιν ἡ μετουσία*[3]).

Aber freilich, dieses Ziel ist nicht erreichbar. Das hat Gregor ebenso erkannt, wie die spätere hellenische Weltweisheit. Deshalb hat auch bei dem Nyssener in den meisten Fällen das platonische Lebensideal dem neuplatonischen weichen müssen. Im ganzen erscheint nicht die *γνῶσις*, sondern die *θεωρία* als die höchste Form der Vergeistigung und damit auch als das letzte Ziel des sittlichen Strebens[4]). Über der Philosophie, deren Methode das diskursive Denken ist, steht wie bei Philo und Plotin die Mystik, welche die ewige Schönheit unmittelbar schauen, ja eine reale *συνάφεια* und *ἀνάκρασις* mit der Gottheit erwirken will.

Aber auf welche Weise gelangt der Mensch zu dieser Vereinigung mit der Gottheit? Der Zusammenhang zwischen der unerschaffenen und der erschaffenen Geisteswelt, den sich Gregor, wie oben gezeigt wurde, nicht eng genug denken kann, giebt ihm die Lösung an die Hand. Die Seele ist das Spiegelbild der Gottheit. Wer also sich selbst sieht, der schaut zugleich Gott[5]).

---

1) de virg. III. 348a.
2) de infant. III. 181c.
3) ibid. III. 176b.
4) de beat. I. 1269c. *οὐ τὸ γνῶναί τι περὶ θεοῦ μακάριον ὁ κύριος εἶναι φησιν, ἀλλὰ τὸ ἐν ἑαυτῷ σχεῖν τὸν θεόν.*
5) ibid. I 1272b. — in cant. cant. hom. 2. I. 805c — d. u. ö. — Derselbe Gedanke bei Plotin: 4. Enn. 7, 15. *οὐ γὰρ δὴ ἔξω που δραμοῦσα ἡ ψυχὴ σωφροσύνην καθορᾷ καὶ δικαιοσύνην, ἀλλ' αὐτὴ παρ' αὑτῇ ἐν τῇ κατανοήσει ἑαυτῆς καὶ τοῦ ὃ πρότερον ἦν ὥσπερ ἀγάλματα ἐν αὑτῇ ἱδρυμένα ὁρῶσα οἷα ὑπὸ χρόνου ἰοῦ πεπληρωμένα καθαρὰ ποιησαμένη.*

Durch fortgesetzte Verinnerlichung und Erkenntnis des Göttlichen in der eigenen Person gelangt der Mensch stufenweise zum Genusse (ἀπόλαυσις; γεύεσθαι) der körperlosen, über alle Begriffe erhabenen Schönheit. Das begehrenswerteste aber ist die μυσταγωγία, wie sie nach 2. Cor. 12, 1 ff. der Apostel Paulus erfahren hat, die Verzückung in die himmlische Welt, die Paulus an jener Stelle nur zögernd als etwas für den Christenstand durchaus Nebensächliches erwähnt, Gregor hingegen als den höchsten Gipfel der Vollkommenheit und Seligkeit nicht oft genug zu preisen weiss.

Bei dem grossen Abstande des Intelligiblen von der Hyle ist jedoch die höchste Vergeistigung nicht denkbar ohne die möglichste Loslösung von der Sinnlichkeit. Ein Leben nach Art des idealen Protoplasten (vergl. S. 24 f.) ohne jede Berührung mit der Materie wäre in dieser Beziehung das wünschenswerteste. Da indessen dieses Ziel im Diesseits nicht erreichbar ist, muss man sich mit einem Wandel begnügen, der sich auf der Grenze des Menschlichen und des Unkörperlichen bewegt[1]). Dieser Zustand, der ebenso wie bei Plotin bald mit dem stoischen Ausdrucke als ἀπάθεια, bald mit Plato als καθαρότης bezeichnet wird, entspricht etwa jenem Urzustande, der von Gott im Hinblick auf den Abfall des Menschen realisiert wurde (vergl. S. 28).

Diesem Ziele aber nähert sich der Mensch durch die Tugend, welche durch den freien Willen und die unterstützende Gnade möglich ist. Die Tugend ist das Gegenbild der Sünde. Hat Gregor letztere real als Sinnlichkeit charakterisiert, so fordert er für jene Abwendung von der Mannigfaltigkeit der Erscheinungswelt, Ertötung der πάθη, Abwerfung des Somatischen, Beschränkung auf die notwendigsten Lebensbedürfnisse, mit einem Worte mönchische Askese. Ein besonders hohes Ansehen geniesst die παρθενία als Heilmittel der als Grundübel zu betrachtenden Geschlechtslust[2]). Der ehelose Stand ist geradezu die Grundlage der καθαρότης überhaupt[3]).

---

1) de vit. Macrin. III. 972a. μεθόριος ἦν ἡ ζωὴ τῆς τε ἀνθρωπίνης καὶ τῆς ἀσωμάτου φύσεως.

2) de vit. Mos. 1. 424b.

3) de virg. III. 381c. ἡ γὰρ τῷ ἀληθινῷ νυμφίῳ προσκολληθεῖσα διὰ παρθενίας ψυχή, οὐ μόνον τῶν σωματικῶν μολυσμάτων ἑαυτὴν ἀποστήσει, ἀλλ' ἐντεῦθεν μὲν ἄρξεται τῆς καθαρότητος, ἐπὶ πάντα δὲ ὁμοίως καὶ μετὰ τῆς ἴσης ἀσφαλείας πορεύεται.

Wie nun weiter die Sünde nach ihrer formalen Seite auf einen logischen Fehler zurückzuführen war, so ist umgekehrt auch die Tugend intellektuell bedingt. Richtige Einsicht in das Wesen des Guten und Bösen ist ihr Anfang, ja das ganze sittliche Leben muss von der Vernunft beherrscht sein, die wie ein weiser Steuermann die Seele zu befehligen und in den himmlischen Hafen zu leiten hat [1]). So steht das Intelligible im Mittelpunkte der gesamten Ethik. Es ist sowohl Mittel, als Ziel des moralischen Handelns.

Wenn Gregor von Nyssa demgegenüber auch die Busse und den Glauben an die göttliche Gnade als die Wurzel, die Liebe aber als die zentrale Macht des sittlichen Lebens aufzeigt [2]), so wird durch solche Stellen zwar dargethan, dass der christliche Bischof von dem neuplatonischen Philosophen nicht verdrängt worden ist. Aber auf die Gestaltung seines ethischen Systems haben derartige sporadisch auftretende Anklänge an die urchristliche evangelische Verkündigung kaum einen Einfluss gehabt. Das aufrichtige Streben nach Vereinigung mit der Gottheit, und die edle Frömmigkeit, die unter den späteren hellenischen Philosophen vor allem einen Plotin beherrschte, mag ihn über den tiefen Unterschied zwischen der auf heidnischem Boden erwachsenen und der im Glauben an Jesum Christum, den Sohn des lebendigen Gottes wurzelnden Mystik hinweggetäuscht haben. Ist doch noch lange darnach auch den frommen Mystikern des Mittelalters, dem heiligen, göttlichen, seligen Meister Eckhart und seinen Genossen diese Verschiedenheit nicht zum Bewusstsein gekommen. Erst Luther hat der Christenheit wieder gezeigt, dass wir nicht durch die Versenkung in uns selbst mit Gott in Gemeinschaft treten, sondern durch die persönliche Hingabe an den, der für die Seinen gebetet hat: „Ich bitte aber nicht allein für sie, sondern auch für die, so durch ihr Wort an mich glauben werden, auf dass sie alle eines seien, gleichwie du, Vater, in mir und ich in dir, dass auch sie in uns eines seien, auf dass die Welt glaube, du habest mich gesandt".

---

1) de instit. christ. III. 304 b — c.

de beat. I. 1249 c — d. οὐκοῦν συνέσεως ἡμῖν χρεία πρὸς τὴν τοῦ προκειμένου ῥητοῦ κατανόησιν, ὡς ἂν διδαχθέντες τὸ ἀληθινὸν τοῦ ἐγκειμένου νοήματος κάλλος κατ' αὐτὸ μορφωθείημεν.

2) de or. dom. I. 1164 a — b.

de an. et ress. III. 96 b.

Lebenslauf.

Geboren am 21. März 1871 zu Teplitz in Böhmen als Sohn des verstorbenen Spinnereidirektors Adolf Preger, besuchte ich — Franz Christoph Preger, evangel.-luth. Konfession und bayerischer Staatsangehöriger — als Knabe die Volksschulen zu Schweinfurt, Todtnau im Schwarzwald und Zschopau. Meine Gymnasialbildung erhielt ich auf dem königlichen Gymnasium zu Leipzig, welchem ich von 1881 bis 1890 angehörte. Nach bestandener Reifeprüfung besuchte ich die Universitäten Erlangen und Leipzig. Vorlesungen hörte ich namentlich bei den Herren Professoren Seeberg, Köhler †, Caspari, Frank † und Falckenberg in Erlangen, bei den Herren Luthardt, Hauck, Rietschel, Buhl, Seydel † und Friedr. Delitzsch in Leipzig. Ihnen allen fühle ich mich zu Danke verpflichtet, besonders aber Herrn Prof. D. Luthardt, der mir nicht nur durch seine wissenschaftlichen Vorträge, sondern vor allem durch seinen persönlichen Verkehr dauernde Anregung und Förderung für Geist und Gemüt geboten hat. Im September 1893 bestand ich in Ansbach meine erste theologische Prüfung und wurde, da ich meiner Militärpflicht bereits im ersten Studienjahre genügt hatte, nach einem Vierteljahre als Stadtvikar in Würzburg verwandt. Nach bestandener zweiter theologischer Prüfung, der ich mich im Juni 1896 unterzog, wurde ich zum Pfarrer der Gemeinde Ermershausen - Birkenfeld ernannt und am 15. November 1896 feierlich in dieses mein jetziges Amt eingewiesen.